Ganz kurz ein paar Hinweise:

Bitte lesen Sie primär nur den englischen Text
auf der Hauptzeile.
Bei Unklarheiten springen Sie runter
zur Übersetzungszeile.
Nicht die Übersetzungszeile im Fluss lesen!

Punktiert unterstrichene Wörter gehören zusammen.

Eine Zahl 1... zeigt an, dass zu dem Wort noch
ein zweites Wort ...1 dazugehört.

Text in eckigen Klammern [ ] = Anmerkung des Übersetzers.

Da ein Wort mehrere Bedeutungen haben kann, gilt:
Es ist diejenige Bedeutung angegeben, die das Wort
im vorliegenden Zusammenhang hat
(mit Tendenz zur Hauptbedeutung).

In Grenzfällen wurde die Praxisnähe bevorzugt
gegenüber wissenschaftlicher Genauigkeit.

Bibliografische Information der Deutschen Nationalbibliothek:

Die Deutsche Nationalbibliothek verzeichnet diese Publikation
in der Deutschen Nationalbibliografie.
Detaillierte bibliografische Daten sind im Internet abrufbar
über http://dnb.d-nb.de

Mark Twain/Katharina Jürgens:

The Thirty Thousand Dollar Bequest/
Das Dreißigtausend-Dollar-Vermächtnis

Lektüre zweisprachig, Englisch/Deutsch
WÖRTLICH ÜBERSETZT – jedes Wort einzeln –
auf eingefügter Zwischenzeile

Lesespaß ohne lästiges Nachschlagen!

Übersetzerin: Katharina Jürgens
Herausgeber: Harald Holder
Die Texte wurden an einigen Stellen behutsam dem Zweck angepasst.

ISBN: 978 – 3 – 94 33 94 – 17 – 7

Copyright Harald Holder 2013
Harald Holder Verlag, Augsburg

Druck und Bindung: Books on Demand GmbH, Norderstedt
Printed in Germany

www.holder-augsburg-zweisprachig.de

Table of Contents
Inhaltsverzeichnis

THE THIRTY THOUSAND DOLLAR BEQUEST
Das Dreißigtausend- Dollar- Vermächtnis

CHAPTER I
Kapitel I

Lakeside was a pleasant little town of five or six thousand
[Ortsname] war eine nette kleine Stadt von fünf- oder sechstausend

inhabitants, and a rather pretty one, too, as towns go in the Far
Einwohnern und eine ziemlich hübsche (eine) auch, wie Städte gehen in dem fernen

as towns go = verglichen mit anderen Städten

West. It had church accommodations for thirty-five thousand,
Westen [der USA] Sie hatte Kirchenplätze für fünfunddreißigtausend

which is the way of the Far West and the South, where
was ist der Weg von dem fernen Westen und dem Süden [dort üblich] wo

everybody is religious, and where each of the Protestant sects is
jeder ist religiös und wo jede von den protestantischen Sekten ist

represented and has a plant of its own.
vertreten und hat eine Niederlassung eigene

Rank was unknown in Lakeside – unconfessed, anyway; everybody
Rang war unbekannt in [Ortsname] uneingestanden jedenfalls jeder

knew everybody and his dog, and a sociable friendliness was the
kannte jeden und dessen Hund und eine gesellige Freundlichkeit war die

prevailing atmosphere. Saladin Foster was book-keeper in the
vorherrschende Atmosphäre Saladin Foster war Buchhalter in dem

principal store, and the only high-salaried man of his profession in
wichtigsten Laden und der einzige hochbezahlte Mann von seinem Beruf in

Lakeside.
[Ortsname]

He was thirty-five years old, now; he had served that store for fourteen
Er war fünfunddreißig Jahre alt jetzt er hatte gedient jenem Laden für vierzehn

years; he had begun in his marriage-week at four hundred dollars a
Jahre er hatte begonnen in seiner Hochzeitswoche bei vierhundert Dollar pro

year, and had climbed steadily up, a hundred dollars a year, for
Jahr und hatte aufgestiegen 1... stetig ...1 einhundert Dollar pro Jahr für

four years; from that time forth his wage had remained eight hundred
vier Jahre von jener Zeit an sein Gehalt hatte geblieben [bei] achthundert

– a handsome figure indeed, and everybody conceded that he was
eine schöne Summe in der Tat und jeder gestand zu dass er war

worth it. His wife, Electra, was a capable helpmeet, although –
wert es Seine Frau Electra war eine fähige Gefährtin obwohl [sie war]

4

like himself – a dreamer of dreams and a private dabbler in
wie er selbst eine Träumerin von Träumen und eine insgeheime Amateurin in [Sachen]

romance. The first thing she did, after her marriage – child as she
Romantik Die erste Sache [die] sie tat nach ihrer Heirat Kind wie sie

was, aged only nineteen – was to buy an acre of ground
war alt erst neunzehn war zu kaufen einen Morgen von Grund

on the edge of the town, and pay down the cash for it – twenty-five
an dem Rand von der Stadt und anzuzahlen das Geld dafür fünfundzwanzig

dollars, all her fortune.
Dollar all ihr Vermögen

Saladin had less, by fifteen. She instituted a vegetable garden
Saladin hatte weniger mit fünfzehn Sie richtete ein einen Gemüsegarten

there, got it farmed on shares by the nearest neighbor, and
dort, ließ ihn bewirtschaften zu Anteilen durch den nächsten Nachbarn und

made it pay her a hundred per cent a year.
brachte dazu ihn [den Garten] einzubringen ihr einhundert Prozent pro Jahr

Out of Saladin's first year's wage she put thirty dollars in the
Heraus aus [von] Saladins ersten Jahres Gehalt sie legte dreißig Dollar in die

savings-bank, sixty out of his second, a hundred out of his third,
Sparkasse sechzig von seinem zweiten einhundert von seinem dritten

a hundred and fifty out of his fourth.
einhundertfünfzig von seinem vierten

His wage went to eight hundred a year, then, and meantime two
Sein Gehalt erreichte achthundert pro Jahr zu jener Zeit und inzwischen zwei

children had arrived and increased the expenses, but she banked
Kinder hatten angekommen und erhöht die Ausgaben aber sie sparte

two hundred a year from the salary, nevertheless, thenceforth. When
zweihundert pro Jahr von dem Gehalt nichtsdestotrotz von da an Als

she had been married seven years she built and furnished a pretty
sie hatte gewesen verheiratet sieben Jahre sie errichtete und einrichtete ein hübsches

and comfortable two-thousand-dollar house in the midst of her
und komfortables 2000-Dollar-Haus inmitten von ihrem

garden-acre, paid half of the money down and moved her
Morgen Gartenfläche zahlte [die] Hälfte von dem Geld an und ließ einziehen 1... ihre

family in.
Familie ...1

Seven years later she was out of debt and had several hundred
Sieben Jahre später sie war schuldenfrei und hatte mehrere hundert

dollars out earning its living. Earning it by the rise
Dollar im Umlauf sich verdienend ihren Lebensunterhalt Verdienend es durch den Kursanstieg

in landed estate; for she had long ago bought another acre
bei Grundstückseigentum denn sie hatte vor Langem gekauft einen weiteren Morgen

or two and sold the most of it at a profit to pleasant people who
oder zwei und verkauft das meiste davon mit einem Gewinn an angenehme Leute die

were willing to build, and would be good neighbors and furnish a
waren willens zu bauen und würden sein gute Nachbarn und einbringen eine

general comradeship for herself and her growing family.
umfassende Kameradschaft für sie (selbst) und ihre wachsende Familie

She had an independent income from safe investments of about
Sie hatte ein unanhängiges Einkommen aus sicheren Investitionen von etwa

a hundred dollars a year; her children were growing in years and grace;
einhundert Dollar pro Jahr ihre Kinder waren wachsend an Jahren und Anmut

and she was a pleased and happy woman. Happy in her husband,
und sie war eine zufriedene und glückliche Frau Glücklich durch ihren Ehemann

happy in her children, and the husband and the children were happy
glücklich durch ihre Kinder und der Ehemann und die Kinder waren glücklich

in her. It is at this point that this history begins.
durch sie Es ist an diesem Punkt dass diese Geschichte beginnt

The youngest girl, Clytemnestra – called Clytie for short – was eleven;
Das jüngste Mädchen Clytemnestra genannt Clytie als Kurzform war elf

her sister, Gwendolen – called Gwen for short – was thirteen; nice
ihre Schwester Gwendolen genannt Gwen als Kurzform war dreizehn nette

girls, and comely. The names betray the latent romance-tinge
Mädchen und gutaussehend Die Namen verraten die unterschwellige Romantik-Neigung

in the parental blood, the parents' names indicate that the tinge was
in dem elterlichen Blut, der Eltern Namen lassen erkennen dass die Neigung war

an inheritance.
ein [Familien]erbe

It was an affectionate family, hence all four of its members had
Es war eine liebevolle Familie daher alle vier von ihren Mitgliedern hatten

pet names, Saladin's was a curious and unsexing one – Sally;
Kosenamen Saladins war ein seltsamer und geschlechtslos machender (einer) Sally

and so was Electra's – Aleck. All day long Sally was a good
und so war Electras [Kosename] Aleck [Den] ganzen Tag lang Sally war ein guter

and diligent book-keeper and salesman; all day long Aleck
und fleißiger Buchhalter und Verkäufer [den] ganzen Tag lang Aleck

was a good and faithful mother and housewife, and thoughtful and
war eine gute und treue Mutter und Hausfrau und umsichtige und

calculating business woman; but in the cozy living-room at night
berechnende Geschäftsfrau aber in dem gemütlichen Wohnzimmer abends

they put the plodding world away, and lived in another and a
sie legten die mühevolle Welt fort und lebten in einer anderen und einer

fairer, reading romances to each other, dreaming dreams,
schöneren vorlesend Liebesgeschichten (zu) einander träumend Träume,

comrading with kings and princes and stately lords and ladies in
Kameradschaft pflegend mit Königen und Prinzen und stattlichen Herren und Damen in

the flash and stir and splendor of noble palaces
dem Funkeln und [der] Betriebsamkeit und Pracht von edlen Palästen

and grim and ancient castles.
und respekteinflößenden und alten Schlössern

CHAPTER II
Kapitel II

Now came great news! Stunning news – joyous news, in fact.
Nun trafen ein großartige Neuigkeiten Umwerfende Neuigkeiten frohe Neuigkeiten sogar

It came from a neighboring state, where the
Es [sie, die Neuigkeit] kam aus einem benachbarten Staat wo der

family's only surviving relative lived. It was Sally's relative – a sort of
Familie einziger überlebender Angehöriger lebte Es war Sallys Verwandter eine Art von

vague and indefinite uncle or second or third cousin by the
undefinierbarem und unbestimmtem Onkel oder zweitem oder drittem Cousin mit dem

name of Tilbury Foster, seventy and a bachelor, reputed well off
Namen (von) Tilbury Foster siebzig und ein Junggeselle angeblich wohlhabend

and corresponding sour and crusty.
und entsprechend griesgrämig und barsch

Sally had tried to make up to him once, by letter, in a bygone
Sally hatte versucht sich zu nähern ihm einmal per Brief in einer vergangenen

time, and had not made that mistake again. Tilbury now wrote to
Zeit und hatte nicht gemacht diesen Fehler wieder Tilbury nun schrieb an

Sally, saying he should shortly die, and should leave him thirty
Sally sagend er würde in Kürze sterben und würde hinterlassen ihm dreißig-

thousand dollars, cash; not for love, but because money had given
tausend Dollar Bargeld nicht aus Liebe sondern weil Geld hatte gegeben

him most of his troubles and exasperations, and he wished to
ihm die meisten von seinen Problemen und Ärgernissen und er wünschte zu

place it where there was good hope that it would continue its
unterbringen es wo da war [eine] gute Chance dass es würde fortsetzen sein

malignant work.
bösartiges Werk

The bequest would be found in his will, and would be
Das Vermächtnis würde werden gefunden in seinem Testament und würde werden

paid over. **Provided, that Sally should be able to prove to the**
ausgezahlt Vorausgesetzt dass Sally würde sein fähig zu beweisen an die

executors **that he had taken no notice of the gift by**
Testamentsvollstrecker dass er hatte genommen keine Kenntnis von der Schenkung durch

spoken word or by letter, had made no inquiries concerning
gesprochenes Wort oder durch Brief hatte gemacht keine Erkundigungen betreffend

the moribund's progress toward the everlasting tropics, and had
des Sterbenden Voranschreiten in Richtung der immerwährenden Tropen und hatte

not attended the funeral.
nicht beigewohnt dem Begräbnis

As soon as Aleck had partially recovered from the tremendous
Sobald wie Aleck hatte teilweise sich erholt von den ungeheuren

emotions created by the letter, she sent to the relative's habitat and
Gefühlen verursacht durch den Brief sie sandte zu des Verwandten Wohnort und

subscribed for the local paper. Man and wife entered into a
erwarb ein Abonnement für die Lokalzeitung Mann und Frau traten ein in einen

solemn compact, now, to never mention the great news to
feierlichen Vertrag nun zu niemals erwähnen die großen Neuigkeiten gegenüber

any one while the relative lived, lest some ignorant person
irgendjemandem während der Verwandte lebte damit nicht irgendeine unwissende Person

carry the fact to the death-bed and distort it and make it appear that
trüge die Sache zu dem Sterbebett und verzerre sie und ließe es erscheinen dass

they were disobediently thankful for the bequest, and just the same
sie wären ungehorsamerweise dankbar für das Vermächtnis und genau dasselbe

as confessing it and publishing it, right in the face of the prohibition.
wie gestehend es und verkündend es direkt in das Gesicht von dem Verbot

in the face of something = trotz

For the rest of the day Sally made havoc and confusion with his
Für den Rest von dem Tag Sally richtete an Verwüstung und Chaos mit seinen

books, and Aleck could not keep her mind on her affairs, not
Büchern und Aleck konnte nicht halten ihren Kopf bei ihren Angelegenheiten nicht

even take up a flower-pot or book or a stick of wood without
einmal hochnehmen einen Blumentopf oder Buch oder einen Stecken (von) Holz ohne

forgetting what she had intended to do with it.
vergessend was sie hatte beabsichtigt zu tun damit

For both were dreaming. "Thirty thousand dollars!" All day long
Denn beide waren träumend Dreißigtausend Dollar [Den] ganzen Tag lang

the music of those inspiring words sang through those people's heads.
die Musik von diesen inspirierenden Worten sangen durch jener Leute Köpfe

8

From his marriage-day forth, Aleck's grip had been upon the purse,
Von seinem Hochzeitstag an Alecks Griff hatte gewesen auf dem Geldbeutel

and Sally had seldom known what   it was to be privileged to
und Sally hatte selten erlebt was [wie] es war zu sein privilegiert zu

squander a   dime   on non-necessities.
vergeuden einen [amerikanischen Groschen] auf Unnötiges

"Thirty thousand dollars!" the song went on and on. A   vast   sum,
Dreißigtausend Dollar das Lied ging weiter und weiter Eine gewaltige Summe

an unthinkable sum!   All   day long Aleck was absorbed in
eine unvorstellbare Summe [Den] ganzen Tag lang Aleck war versunken in

planning how to   invest it, Sally in planning how to spend it. There
planend wie zu investieren sie Sally in planend wie auszugeben sie Da

was no romance-reading that night.
war kein Liebesgeschichten-Lesen jenen Abend

The children took themselves away early, for their parents were
Die Kinder brachten sich selbst fort früh denn ihre Eltern waren
took themselves away = zogen sich zurück

silent,   distraught, and strangely unentertaining. The good-night
schweigsam zerstreut und seltsam ungesellig Die Gute-Nacht-

kisses might   as well have been impressed upon   vacancy,
Küsse mochten ebenso gut haben geworden aufgedrückt auf [die] Leere

for   all the response they got; the parents were not   aware
für [was betrifft] all die Reaktion [die] sie erhielten die Eltern waren nicht sich bewusst

of the kisses,   and the children had been   gone an hour
von den Küssen [der Küsse] und die Kinder hatten gewesen gegangen eine Stunde

before their absence was noticed.
bevor ihre Abwesenheit wurde bemerkt

Two pencils had been   busy during that hour – note-making;
Zwei Bleistifte hatten gewesen beschäftigt während jener Stunde Notizen machend

in the way of plans. It was Sally who broke the stillness at last. He
in der Form von Plänen Es war Sally der brach die Stille schließlich Er

said, with exultation: "Ah, it'll be grand, Aleck! Out of the first
sagte mit Hochstimmung Oh es wird sein großartig Aleck (Heraus) aus dem ersten
it'll = it will

thousand we'll   have a horse and a buggy for   summer, and
Tausender wir werden haben ein Pferd und einen Wagen für [den] Sommer und

a   cutter   and a skin lap-robe for   winter."
ein Schneidwerkzeug und eine Felldecke für [den] Winter

Aleck responded with decision and composure –   "Out of the
Aleck antwortete mit Entschlossenheit und Fassung (Heraus) aus dem

9

CAPITAL? Nothing of the kind.   Not if it was a million!"
Kapital   Nichts von der Art [dergleichen] Nicht wenn es wäre eine Million

Sally was deeply disappointed; the glow went out of his face. "Oh,
Sally war zutiefst enttäuscht das Leuchten wich heraus aus seinem Gesicht Oh

Aleck!" he said, reproachfully. "We've always worked so hard and
Aleck er sagte vorwurfsvoll Wir haben immer gearbeitet so hart und
we've = we have

been so scrimped: and now that we are rich, it does seem – " He did
gewesen so knauserig und nun dass wir sind reich es tut scheinen Er tat

not finish,   for he saw her eye   soften;   his
nicht beenden [den Satz] denn er sah ihr Auge [ihren Blick] weich werden sein

supplication had touched her.
flehentliches Bitten hatte berührt sie

She said, with gentle persuasiveness: "We must not spend the
Sie sagte mit sanfter Überzeugungskraft Wir dürfen nicht ausgeben das

capital, dear, it would not be wise. Out of the income from it – "
Kapital Schatz es würde nicht sein klug Heraus aus dem Einkommen davon

"That will answer, that will answer, Aleck! How dear and good
Das wird [es] lösen das wird [es] lösen Aleck Wie lieb und gut
answer = Antwort, Lösung (für ein Problem)

you are! There will be a noble income and if we can
du bist Da wird sein ein stattliches Einkommen und wenn wir können

spend that – "
ausgeben das

"Not ALL of it, dear, not all of it, but you can spend a part of it.
Nicht alles davon Schatz nicht alles davon aber du kannst ausgeben einen Teil davon

That is, a reasonable part. But the whole of the capital – every
Das heißt einen angemessenen Teil Aber die Gesamtheit von dem Kapital jeder

penny of it – must be put right to work, and kept at it. You
Penny davon muss werden gebracht gleich zum Arbeiten und gehalten dabei Du

see the reasonableness of that, don't you?"
erkennst die Vernünftigkeit davon tust nicht du

"Why, yes. Yes, of course. But we'll have to wait so long. Six
Aber ja Ja natürlich Aber wir werden haben zu warten so lange Sechs
In einem Ausruf hat „why" verstärkende Wirkung / why als Fragewort = warum

months before the first interest falls due." "Yes – maybe longer."
Monate bevor der erste Zins wird fällig Ja vielleicht länger

"Longer, Aleck? Why? Don't they pay half-yearly?" "THAT kind of
Länger Aleck Warum Tun nicht sie zahlen halbjährlich Diese Art von

an investment – yes; but I sha'n't invest in that way."
einer Investition ja aber ich werde nicht investieren auf diese Weise

"What way, then?" "For big returns." "Big. That's good. Go on,
Welche Weise dann   Für große Gewinne   Groß Das ist gut Fahr fort

Aleck. What is it?" "Coal. The new mines. Cannel. I   mean
Aleck Was ist es   Kohle Die neuen Minen Fackelkohle Ich beabsichtige

to put in ten thousand. Ground floor. When we organize, we'll
einzusetzen zehntausend   Bodenebene Wenn wir einteilen wir werden

get   three shares for one." "My goodness, but it sounds good,
bekommen drei Anteile für einen   Meine Güte   aber es klingt gut

Aleck! Then the shares will be worth – how much? And when?"
Aleck   Dann die Anteile werden sein wert   wie   viel Und wann

"About a year. They'll pay ten per cent. Half yearly, and be worth
Ungefähr ein Jahr Sie werden zahlen zehn Prozent Halbjährlich und sein wert

thirty thousand. I know all about it; the advertisement is in the
dreißigtausend Ich weiß alles darüber die   Werbung   ist in der

Cincinnati paper here." "Land, thirty thousand for ten – in a   year!
Cincinnati Zeitung hier   Land dreißigtausend für zehn in einem Jahr

Let's jam in the whole capital and pull out ninety! I'll   write
Lass uns stopfen hinein das ganze   Kapital und herausziehen neunzig Ich werde schreiben

and subscribe right now – tomorrow it may be too late."
und unterzeichnen gleich jetzt   morgen   es kann sein zu spät

He was flying to the writing-desk, but Aleck stopped him and put him
Er war eilend zu dem   Schreibtisch aber Aleck stoppte ihn und setzte ihn

back in his chair. She said: "Don't lose your head so. WE mustn't
zurück in seinen Stuhl Sie sagte Tue nicht verlieren deinen Kopf so Wir dürfen nicht

subscribe till we've got the money; don't you know that?" Sally's
unterschreiben bis wir haben erhalten das Geld tust nicht du wissen das   Sallys

excitement went down a degree or two, but he was not wholly
Begeisterung sank ab einen Grad oder zwei aber er war nicht völlig

appeased. "Why, Aleck, we'll HAVE it, you know – and so
beschwichtigt   Aber Aleck wir werden haben es du weißt und so

soon, too.
bald außerdem

He's probably out of his troubles before this; it's a hundred to
Er ist wahrscheinlich heraus aus seinen Leiden bevor dem es steht einhundert zu

nothing he's selecting his gravestone this very minute. Now, I
nichts   er ist auswählend seinen Grabstein [in] dieser genauen Minute   Nun ich

very = sehr /   Vor einem Substantiv dient „very" dazu, eine Aussage zu verstärken

think – " Aleck shuddered, and said: "How CAN you, Sally! Don't
denke   Aleck erschauderte und sagte   Wie kannst du Sally Tue nicht

11

talk in that way, it is perfectly scandalous."
reden auf diese Weise es ist absolut unerhört

"Oh, well, put a halo around it, if you like, I was
Oh gut lege einen Heiligenschein um es [die Sache] wenn du magst ich war
only just talking. Can't you let a person talk?" "But why
nur einfach redend Kannst nicht du lassen einen Menschen reden Aber warum
should you WANT to talk in that dreadful way? How would you
solltest du wollen (zu) reden auf diese furchtbare Weise Wie würdest du [es]
like to have people talk so about YOU, and you not cold yet?"
finden zu haben Menschen reden so über dich und du noch nicht 1... kalt ...1

"Not likely to be, for a little while, I reckon, if my last act
Nicht wahrscheinlich zu sein für eine kleine Weile ich schätze wenn meine letzte Handlung
was giving away money for the sake of doing somebody a harm
wäre gebend fort Geld für den Zweck von tuend jemandem ein Leid
with it. But never mind about Tilbury, Aleck, let's talk about
damit Aber niemals sorge [dich] wegen Tilbury Aleck lass uns reden über
never mind = das kann dir doch egal sein (umgangssprachlich)
something worldly. It does seem to me that that mine is the place for
etwas Weltliches Es tut scheinen (zu) mir dass jene Mine ist der Ort für
the whole thirty. What's the objection?"
die ganzen dreißig Was ist der Einwand

"All the eggs in one basket – that's the objection." "All right, if you
All die Eier in einem Korb das ist der Einwand In Ordnung wenn du
say so. What about the other twenty? What do you mean to do
sagst das Was [ist] mit den anderen zwanzig Was tust du beabsichtigen zu tun
with that?" "There is no hurry; I am going to look around before I
damit Da ist keine Eile Ich werde mich umsehen bevor ich
do anything with it." "All right, if your mind's made up,"
tue irgendetwas damit In Ordnung wenn deine Entscheidung ist fertig gestellt
your mind is made up = deine Entscheidung steht fest / mind = Kopf, Verstand, Ansicht
sighed Sally.
seufzte Sally
He was deep in thought awhile, then he said: "There'll be twenty
Er war tief in Gedanken eine Weile dann er sagte Da werden sein zwanzig-
thousand profit coming from the ten a year from now. We can
tausend Gewinn kommend von den zehn ein Jahr ab jetzt Wir können
spend that, can we, Aleck?" Aleck shook her head.
ausgeben das können wir [nicht wahr?] Aleck Aleck schüttelte ihren Kopf
"No, dear," she said, "it won't sell high till we've had the
Nein Schatz sie sagte es wird nicht sich verkaufen hoch bis wir haben gehabt die

12

first semi-annual dividend. You can   spend   part of that."
erste   halbjährliche   Dividende   Du kannst ausgeben [einen] Teil   davon

"Shucks, only THAT – and a whole year to wait! Confound it, I – "
Verdammt   nur   das   und ein ganzes Jahr zu warten   Verflixt noch mal   ich
shuck = Schale, Hülse /   confound = verwirren, durcheinander bringen

"Oh, do be patient! It   might even be declared   in three
Oh tue sein geduldig Es [sie] könnte sogar werden festgesetzt [die Dividende] in   drei

months – it's quite within the possibilities." "Oh, jolly! oh,
Monaten es ist vollkommen innerhalb der   Möglichkeiten   Oh klasse oh

thanks!" and Sally jumped up and kissed his wife in gratitude.
danke   und Sally   sprang   auf und   küsste seine Frau in Dankbarkeit

"It'll   be three thousand – three whole thousand! How much
Es werden sein   dreitausend   1...   ganze dreitausend...1   Wieviel

of it can we spend, Aleck? Make it liberal! – do,   dear, that's a
davon können wir ausgeben Aleck   Mach es großzügig tue [es] Schatz das ist ein

good fellow." Aleck was pleased; so pleased that she yielded to the
guter Kumpel   Aleck war erfreut   so erfreut dass sie nachgab (zu) dem

pressure and conceded a   sum which her judgment told her was a
Druck   und   zugestand eine Summe welche ihr Urteilsvermögen sagte ihr   war eine

foolish extravagance – a thousand dollars.
törichte   Extravaganz   eintausend   Dollar

Sally kissed her half a dozen times and even in that way could not
Sally küsste sie ein halbes Dutzend Male und selbst auf diese Weise konnte nicht

express all his joy and thankfulness. This new access of gratitude
ausdrücken all seine Freude und   Dankbarkeit Dieser neue Zugang zu Dankbarkeit

and affection carried Aleck quite beyond the bounds of prudence, and
und Zuneigung trug Aleck gänzlich jenseits der Grenzen der Besonnenheit und

before she could restrain herself she had made her darling another
bevor sie konnte zurückhalten sich selbst sie hatte gemacht ihrem Schatz ein weiteres

grant –   a couple of thousand out of the fifty or sixty which she
Zugeständnis ein paar (von) tausend heraus aus den fünfzig oder sechzig welche sie

meant   to clear within a year of the twenty which still
beabsichtigte hereinzubekommen innerhalb eines Jahres von den zwanzig welche noch

remained of the bequest.
blieben   von dem Vermächtnis

The happy tears sprang to Sally's eyes, and he said: "Oh, I want to
Die glücklichen Tränen sprangen in Sallys Augen und er sagte Oh ich will

hug you!" And he did it. Then he got his   notes   and
umarmen dich Und er tat es Dann er nahm seine Aufzeichnungen und

13

sat down   and began **to check off**, for   first purchase, the luxuries
setzte sich (nieder) und   begann   abzuhaken   für [den] ersten   Kauf   die Luxusgüter

which he should earliest wish   **to secure**. "Horse – buggy   – cutter –
welche er   würde   zuerst   wünschen sich zu sichern   Pferd   Wagen Schneidwerkzeug

lap-robe – patent-leathers – dog – church-pew – new teeth –
Decke   Lackleder   Hund   Kirchenbank   neue Zähne

SAY, Aleck!" "Well?" "Ciphering away, aren't you? That's right.
sag   Aleck   Nun   Rechnend drauflos bist nicht du   Das ist   richtig

Have you got the twenty thousand invested yet?"
Hast 1...   du   ...1   die   zwanzigtausend   investiert   schon

"No, there's no hurry about that;   I must look around first, and
Nein   da ist   keine   Eile   betreffend dies   Ich muss   mich umschauen   erst   und

think." "But you are ciphering;   what's   it about?"
nachdenken Aber   du   bist   rechnend   worüber ist 1...   es   ...1
what is it about? = worum geht es?

"Why, I have to find work for the thirty thousand that comes out of
Nun ich   muss   finden   Arbeit für   die   dreißigtausend   die   kommen heraus aus

the coal, haven't I?" "Oh, what   a head! I never thought of that.
der Kohle   muss nicht ich?   Oh   was [für] ein   Geist   Ich niemals   dachte   daran

How are you getting along? Where have you arrived?"
Wie   bist   du   kommend   voran   Wo   hast   du   angekommen

"Not very far – two years or three.   I've   turned   it over
Nicht sehr   weit   zwei   Jahre oder   drei   Ich habe   gewendet [überlegt]   es   um

twice;   once in oil and once in wheat." "Why, Aleck, it's splendid!
zweimal   einmal in Öl   und   einmal in Weizen   Aber   Aleck   es ist   großartig

How   does it aggregate?" "I think – well,   to be on the safe
Wie [worauf]   tut   es sich belaufen   Ich denke   nun [um]   zu sein auf der   sicheren

side, about a hundred and eighty thousand clear,   though it
Seite   ungefähr   einhundertundachtzigtausend   voll [mindestens]   obwohl   es

Will probably be more."
wird wahrscheinlich   sein   mehr

"My!   isn't it wonderful? By gracious!   Luck has   come
Meine [Güte]   ist nicht   es   wunderbar   Meine Güte   [Das] Glück   hat entlanggekommen
my goodness = meine Güte /   gracious = anmutig, gnädig, gütig

our   way at last, after all the hard   sledding, Aleck!"
unseren Weg   endlich   nach   all dem mühsamen Vorankommen   Aleck

"Well?" "I'm going to   cash in   a whole three hundred on the
Nun also?   Ich werde   auf die Bank bringen   volle   dreihundert   für die

missionaries – what real right have we   care   for expenses!"
Missionare   welches   echte Recht   haben wir   uns [zu]sorgen   um   Ausgaben

14

"You couldn't do a nobler thing, dear; and it's just like your
Du könntest nicht tun eine edlere Sache Liebling und es ist ganz wie deine

generous nature, you unselfish boy." The praise made Sally
großzügige Natur du selbstloser Junge Das Lob machte Sally

poignantly happy, but he was fair and just enough to say it was
ergreifend glücklich aber er war fair und anständig genug zu sagen es war

rightfully due to Aleck rather than to himself, since but for her
rechtmäßig gebührend Aleck eher als (zu) ihm selbst da wenn nicht ihretwegen
but for her = wenn sie nicht gewesen wäre

he should never have had the money.
er würde niemals haben gehabt das Geld

Then they went up to bed, and in their delirium of bliss they
Dann sie gingen hoch ins Bett und in ihrem Delirium der Glückseligeit sie

forgot and left the candle burning in the parlor. They did not
vergaßen und ließen die Kerze brennend in dem Wohnzimmer Sie taten nicht

remember until they were undressed; then Sally was for letting it
sich erinnern bis sie waren ausgezogen dann Sally war für lassend sie

burn; he said they could afford it, if it was a thousand.
brennen er sagte sie könnten sich leisten es [und] wenn es wäre[n] eintausend [Kerzen]

But Aleck went down and put it out. A good job, too; for on her way
Aber Aleck ging hinunter und machte sie aus Eine gute Arbeit auch denn auf ihrem Weg

back she hit on a scheme that would turn the hundred and eighty
zurück sie traf auf einen Plan der würde verwandeln die einhundertachtzig-

thousand into half a million before it had had time to get cold.
tausend in eine halbe Million bevor sie [Kerze] hatte gehabt Zeit zu werden kalt

CHAPTER III
Kapitel III

The little newspaper which Aleck had subscribed for was a Thursday
Die kleine Zeitung welche Aleck hatte abonniert war ein Donnerstags-

sheet; it would make the trip of five hundred miles from Tilbury's
blatt es würde machen die Reise von fünfhundert Meilen von Tilburys

village and arrive on Saturday. Tilbury's letter had started on Friday,
Dorf und ankommen am Samstag Tilburys Brief hatte gestartet am Freitag

more than a day too late for the benefactor to die and get into
mehr als einen Tag zu spät für den Wohltäter zu sterben und [zu] kommen in

that week's issue, but in plenty of time to make connection
jener Woche Ausgabe aber in ausreichend Zeit zu machen [erreichen] Anschluss

for the next output. Thus the Fosters had to wait almost a complete
für die nächste Ausgabe Dadurch die Fosters mussten warten fast eine ganze

week to find out whether anything of a satisfactory nature had
Woche zu finden heraus ob irgendetwas von einer zufriedenstellenden Natur hatte

happened to him or not. It was a long, long week, and the strain was
geschehen (zu) ihm oder nicht Es war eine lange lange Woche und die Spannung war

a heavy one. The pair could hardly have borne it if their minds
eine schwere (eine) Das Paar konnte kaum haben ertragen es wenn ihre Köpfe

had not had the relief of wholesome diversion.
hätten nicht gehabt die Erleichterung von erbaulicher Ablenkung

We have seen that they had that. The woman was piling up fortunes
Wir haben gesehen dass sie hatten das Die Frau war häufend auf Vermögen

right along, the man was spending them – spending all his wife
immer weiter der Mann war ausgebend sie ausgebend alles [was] seine Frau

would give him a chance at, at any rate. At last the Saturday came,
würde geben ihm eine Chance auf zumindest Schließlich der Samstag kam

and the WEEKLY SAGAMORE arrived.
und die [Zeitungsname] kam an

Mrs. Eversly Bennett was present. She was the Presbyterian parson's
Frau Eversly Bennett war anwesend Sie war des Presbyterianer-Pfarrers

wife, and was working mit the Fosters for a charity. Talk
Ehefrau und war arbeitend mit den Fosters für ein Wohltätigkeitsprojekt [Das] Gespräch

now died a sudden death – on the Foster side. Mrs. Bennett
nun starb einen plötzlichen Tod auf der Fosterschen Seite Frau Bennett

presently discovered that her hosts were not hearing a word she was
bald bemerkte dass ihre Gastgeber waren nicht hörend ein Wort sie war

saying; so she got up, wondering and indignant, and went away.
sagend deshalb sie stand auf sich wundernd und entrüstet und ging fort

The moment she was out of the house, Aleck eagerly tore
Der [in dem] Moment [in dem] sie war heraus aus dem Haus Aleck gespannt riss

the wrapper from the paper, and her eyes and Sally's swept the
das Streifband von der Zeitung und ihre Augen und Sallys durchsuchten die

columns for the death-notices. Disappointment! Tilbury was
Spalten nach den Todesanzeigen Enttäuschung Tilbury war

not anywhere mentioned. Aleck was a Christian from the cradle,
nirgendwo erwähnt Aleck war eine Christin von der Wiege [an]

and duty and the force of habit required her to go through the
und Pflicht und die Macht der Gewohnheit verpflichteten sie zu gehen durch die

go through the motions = etwas pro forma tun/ motion= Bewegung, Zeichen, Antrag

motions. She pulled herself together and said, with a pious
Bewegungen Sie riss sich zusammen und sagte mit einer scheinheiligen

pious = fromm, heuchlerisch, scheinheilig

joyousness: "Let us be humbly thankful that he has been
Freudigkeit Lass uns sein demütig bescheiden dass er hat geworden

spared; and – " "Damn his treacherous hide, I wish – " "Sally!
verschont und Verfluche seine heimtückische Haut ich wünsche Sally

For shame!" "I don't care!" retorted the angry man. "It's the
Zur Schande Ich tue nicht Anteil nehmen erwiderte der wütende Mann Es ist die

for shame = du solltest dich schämen / I don't care = ist mir egal

way YOU feel, and if you weren't so immorally pious you'd be
Art [wie] du fühlst und wenn du wärst nicht so unmoralisch fromm du würdest sein

honest and say so."
ehrlich und sagen es

Aleck said, with wounded dignity: "I do not see how you can say
Aleck sagte mit verletzter Würde Ich tue nicht sehen wie du kannst sagen

such unkind and unjust things. There is no such thing as immoral
solch unfreundliche und ungerechte Dinge Da ist keine solche Sache wie unmoralische

piety." Sally felt a pang, but tried to conceal it under a
Frömmigkeit Sally fühlte einen Stich aber versuchte zu verbergen es unter einem

shuffling attempt to save his case by changing the form of it –
mühsamen Versuch zu retten seine Argumentation durch verändernd die Form davon

as if changing the form while retaining the juice could deceive
als wenn verändernd die Form während beibehaltend den Saft [den Inhalt] könnte täuschen

the expert he was trying to placate.
die Expertin er war versuchend zu besänftigen

He said: "I didn't mean so bad as that, Aleck; I didn't really
Er sagte Ich tat nicht meinen [es] so schlecht wie das Aleck Ich tat nicht wirklich

mean immoral piety, I only meant – meant – well, conventional
meinen unmoralische Frömmigkeit ich nur meinte meinte nun formelle

piety, you know; er – businesslike piety; the – the – why, YOU
Frömmigkeit du weißt ähm geschäftsmäßige Frömmigkeit das das also du

know what I mean. Aleck – the – well, where you put up that plated
weißt was ich meine Aleck das nun wo du hebst hoch jenen versilberten

article and play it for solid, you know, without intending
Gegenstand und vorspielst ihn für echt du weißt ohne beabsichtigend

anything improper, but just out of trade habit, ancient
irgendetwas Ungehöriges aber nur heraus aus Geschäftsgewohnheit althergebrachter

policy, petrified custom, loyalty to – to – hang it, I can't
Handlungsweise versteinerter Sitte Loyalität gegenüber gegenüber hänge es ich kann nicht

hang it! = zum Henker!

find the right words, but YOU know what I mean, Aleck, and that
finden die richtigen Worte aber du weißt was ich meine Aleck und dass

there isn't any harm in it. I'll try again.
da ist nicht irgendein Schaden [nichts Schlechtes] darin Ich werde [es] versuchen erneut

You see, it's this way. If a person – " "You have said
Du siehst [siehst du] es ist [auf] diese Weise Wenn eine Person Du hast gesagt
it's this way = es ist so

quite enough," said Aleck, coldly; "let the subject be dropped." "I'M
wirklich genug sagte Aleck kalt Lass das Thema (sein) (ge)fallen Ich bin

willing," fervently responded Sally, wiping the sweat from his forehead
willens glühend antwortete Sally wischend den Schweiß von seiner Stirn

and looking the thankfulness he had no words for...
und ausstrahlend die Dankbarkeit er hatte keine Worte für

Then, musingly he apologized to himself. "I certainly held
Dann sinnierend er entschuldigte sich gegenüber sich selbst Ich sicherlich hielt

threes – I KNOW it – but I drew and didn't fill. That's where I'm so
Dreien [Poker] ich weiß es aber ich zog und tat nicht auffüllen Das ist wo ich bin so

often weak in the game. If I had stood pat – but I didn't. I never
oft schwach in dem Spiel Wenn ich hätte ausgepielt aber ich tat nicht Ich niemals
stand pat = unbeirrbar bleiben / beim Pokerspiel: seine Hand ausspielen, ohne Karten zu ziehen

do. I don't know enough." Confessedly defeated, he was properly
tue Ich tue nicht wissen genug Zugegebenermaßen besiegt er war angemessen

tame now and subdued. Aleck forgave him with her eyes.
zahm nun und gedämpfter Stimmung Aleck vergab ihm mit ihren Augen [ihrem Blick]

The grand interest, the supreme interest, came instantly to the
Das große Anliegen das oberste Anliegen kam augenblicklich in den

front again; nothing could keep it in the background many
Vordergrund wieder nichts konnte halten es in dem Hintergrund viele

minutes on a stretch. The couple took up the puzzle of the absence
Minuten an einem Stück Das Paar nahm auf das Rätsel von der Abwesenheit
stretch = Ausdehnung, Strecke

of Tilbury's death-notice. They discussed it every which way, more
von Tilburys Todesnachricht Sie diskutierten es [in] jeder welcher Richtung mehr
every which way = in alle Richtungen

or less hopefully, but they had to finish where they began, and
oder weniger hoffnungsvoll aber sie mussten enden wo sie begannen und

concede that the only really sane explanation of the absence of the
eingestehen dass die einzig wirklich vernünftige Erklärung von der Abwesenheit von der

notice must be – and without doubt was – that Tilbury was not dead.
Nachricht musste sein und ohne Zweifel war dass Tilbury war nicht tot

There was something sad about it, something even a little unfair,
Da war etwas Trauriges daran etwas sogar ein wenig Unfaires

18

maybe, but there   it was, and had to be   put up with.
vielleicht aber   da [so] es war   und   musste werden abgefunden mit

They were agreed as to   that. To Sally it seemed a strangely
Sie   waren sich einig hinsichtlich dessen (Zu) Sally es erschien eine seltsam

inscrutable dispensation; more inscrutable than usual, he thought;
unergründliche   Fügung   unergründlicher   als gewöhnlich er   dachte

one of the most unnecessary inscrutable he could call   to   mind,
eine von den   unnotwendigsten   unergründlichen er   konnte sich rufen ins Gedächtnis

in fact – and said so, with some feeling; but if he was hoping
tatsächlich und sagte dies   mit einiger Emotion aber wenn er   war   hoffend

to draw   Aleck he failed; she reserved her opinion, if she had one;
mit sich zu ziehen Aleck er versagte sie hielt zurück ihre   Meinung wenn sie hatte eine

she had not the habit of taking injudicious risks in   any
sie hatte nicht die Gewohnheit einzugehend   unkluge   Risiken auf irgendeinem

market, worldly or   other.
Markt   weltlich oder anderweitig

The pair must wait for next week's paper – Tilbury had evidently
Das Paar musste warten auf nächster Woche Zeitung   Tilbury   hatte offenbar

postponed.   That was their thought and their decision. So they put
verschoben [den Tod] Das war   ihr   Gedanke und ihre Entscheidung So   sie legten

the subject away and went about their   affairs   again with as
das   Thema   fort und erledigten   ihre Angelegenheiten wieder mit soviel

good heart as they could. Now, if they had but known it, they had
Zuversicht wie sie konnten   Nun wenn sie hätten nur gewusst es   sie hatten

been   wronging Tilbury all the time.
gewesen unrecht tuend Tilbury   die ganze Zeit

Tilbury had kept   faith, kept it to the letter; he was dead, he had
Tilbury hatte gehalten [die] Treue gehalten es nach dem Brief   er war   tot   er hatte

died   to schedule. He was dead more than four days now and used
gestorben nach Zeitplan Er war tot mehr   als   vier Tage nun und gewohnt

to it; entirely dead, perfectly dead, as dead as any other new person
daran vollständig   tot   absolut   tot   so   tot wie jede andere neue Person

in the cemetery; dead in abundant time to get   into that week's
auf dem Friedhof   tot in reichlicher Zeit zu gelangen in jener Woche

SAGAMORE,   too, and only shut out   by an accident; an accident
[Zeitung seines Dorfes] auch und   nur ausgeschlossen durch ein   Versehen   ein Versehen

which could not happen to a metropolitan journal, but which
welches könnte nicht passieren (zu) einer großstädtischen Wochenzeitung aber welches

happens easily to   a poor little village rag like the SAGAMORE.
geschieht leicht (zu) einem armen kleinen Dorfkäseblatt wie der   [Zeitungsname]
rag = Lumpen, Fetzen /   auch: abwertender Ausdruck für eine Zeitung

On this occasion, just as the editorial page was being finished,
Bei dieser Gelegenheit gerade als die Titelseite war werdend fertiggestellt

a gratis quart of strawberry ice-water arrived from Hostetter's
ein Gratis- [Flüssigkeitsmaß] (von) Erdbeereiswasser traf ein von [Eigenname]

Ladies and Gents Ice-Cream Parlors, and the few lines of rather
Damen und Herren Eisdielen und die paar Zeilen von eher

chilly regret over Tilbury's fading got crowded out to make room
kühlem Bedauern über Tilburys Verbleichen wurde verdrängt zu machen Platz

for the editor's frantic gratitude.
für des Herausgebers überschäumende Dankbarkeit

On its way to the galley Tilbury's notice got damaged.
Auf ihrem Weg zu dem Satzschiff [Druckvorbereitung] Tilburys Nachricht bekam beschädigt
something got damaged = etwas wurde beschädigt

Otherwise it would have gone into some future edition, for
Andernfalls es würde haben gegangen in irgendeine zukünftige Ausgabe denn

WEEKLY SAGAMORES do not waste "live" matter, and in their
[Ausgaben vom Weekly Sagamore] tun nicht verschwenden lebendiges Material und in ihren

galleys "live" matter is immortal, unless an accident intervenes.
Satzschiffen lebendige Materie ist unsterblich wenn nicht ein Unfall dazwischenkommt

But a thing that gets damaged is dead, and for such there is no
Aber eine Sache die bekommt beschädigt ist tot und für solches da ist keine

resurrection; its chance of seeing print is gone, forever and ever. And
Auferstehung ihre Chance zu sehend Druck ist vergangen für immer und ewig Und

so, let Tilbury like it or not, let him rave in his grave to his
so lasse Tilbury mögen es oder nicht lasse ihn rasen in seinem Grab bis [zu] seiner

fill, no matter – no mention of his death would ever see the light
Sättigung ganz egal keine Erwähnung von seinem Tod würde jemals sehen das Licht
to have had one's fill of something = etwas satt haben / matter = Sache, Angelegenheit

in the WEEKLY SAGAMORE.
in der [Zeitungsname]

CHAPTER IV
Kapitel IV

Five weeks drifted tediously along. The SAGAMORE arrived regularly
Fünf Wochen wanderten mühsam vorwärts Die [Zeitungsname] kam regelmäßig

on the Saturdays, but never once contained a mention of Tilbury
an den Samstagen aber niemals einmal enthielt eine Erwähnung von Tilbury
never once = nicht ein einziges Mal

Foster. Sally's patience broke down at this point, and he said,
Foster Sallys Geduld brach zusammen an diesem Punkt und er sagte

resentfully: "Damn him, he's immortal!" Aleck gave him a very
grollend Verdamme ihn er ist unsterblich Aleck erteilte ihm einen sehr

severe rebuke, and added with icy solemnity: "How would you feel
ernsten Tadel und fügte hinzu mit eisiger Feierlichkeit Wie würdest du dich fühlen

if you were suddenly cut out just after such an awful remark had
wenn du wärst plötzlich enterbt direkt nachdem solch eine furchtbare Bemerkung hätte

to cut someone out of one's will = jemanden enterben / to cut out = herausschneiden

escaped out of you?"
entwichen heraus aus dir

Without sufficient reflection Sally responded: "I'd feel I was
Ohne ausreichendes Nachdenken Sally entgegnete Ich würde fühlen [finden] ich wäre

lucky I hadn't got caught with it IN me."
glücklich ich hätte nicht bekommen [geworden] erwischt mit ihr [Bemerkung] in mir

be lucky = Glück haben

Pride had forced him to say something, and as he could not think of
Stolz hatte gezwungen ihn zu sagen etwas und da er konnte nicht denken an

any rational thing to say he flung that out. Then he slipped from
irgendeine vernünftige Sache zu sagen er schleuderte das hinaus Dann er entschlüpfte von

he could not think of any rational thing = ihm fiel nichts Vernünftiges ein

his wife's presence, to keep from being brayed in her
seiner Ehefrau Anwesenheit zu bewahren sich vor werdend zerrieben in ihrem

discussion-mortar.
Diskussionsmörser

Six months came and went. The SAGAMORE was still silent
Sechs Monate kamen und gingen Die [Zeitungsname] war noch immer schweigend

about Tilbury. Meantime, Sally had several times thrown out a
über Tilbury Zwischenzeitlich Sally hatte mehrere Male ausgeworfen einen

feeler – that is, a hint that he would like to know.
Fühler das ist [heißt] einen Hinweis dass er würde mögen zu wissen [es gern wissen]

Aleck had ignored the hints. Sally now resolved to brace up and
Aleck hatte ignoriert die Andeutungen Sally nun beschloss sich zu wappnen und

risk a frontal attack.
riskieren einen Frontalangriff

So he squarely proposed to disguise himself and go to Tilbury's
So er direkt schlug vor zu verkleiden sich und gehen zu Tilburys

village and surreptitiously find out as to the prospects. Aleck
Dorf und heimlich [zu] finden heraus hinsichtlich der Aussichten Aleck

put her foot on the dangerous project with energy and
stellte ihren Fuß auf [verbot] das gefährliche Projekt mit Energie und

decision. She said: "What can you be thinking of? You do keep my
Entschlossenheit Sie sagte Was kannst du sein denkend an Du tust halten meine

hands full! You have to be watched all the time, like a little
Hände voll Du musst werden überwacht ganze die Zeit [ständig] wie ein kleines

child, to keep you from walking into the fire. You'll stay right
Kind zu bewahren dich vor laufend in das Feuer Du wirst bleiben genau

where you are!" "Why, Aleck, I could do it and not be found out –
wo du bist Also Aleck ich könnte tun es und nicht werden gefunden heraus

I'm certain of it."
ich bin sicher dessen

"Sally Foster, don't you know you would have to inquire around?"
Sally Foster tust nicht du wissen du würdest müssen fragen umher

"Of course, but what of it? Nobody would suspect who I was."
Natürlich aber was damit [na und?] Niemand würde vermuten wer ich wäre

"Oh, listen to the man! Some day you've got to prove to the
Oh, zuhöre (zu) dem Mann Eines Tages du musst beweisen (zu) den

executors that you never inquired. What then?"
Testamentsvollstreckern dass du niemals nachforschtest Was dann

He had forgotten that detail. He didn't reply; there wasn't
Er hatte vergessen jenes Detail Er tat nicht antworten da war nicht

anything to say. Aleck added: "Now then, drop that notion
irgendetwas zu sagen Aleck fügte hinzu Na dann lass fallen diese Vorstellung

out of your mind, and don't ever meddle
heraus aus deinem Geist [Gedanken] und tue nicht jemals [tue niemals] dich zu schaffen machen

with it again. Tilbury set that trap for you. Don't you know it's a
daran wieder Tilbury stellte diese Falle für dich Tust nicht du wissen es ist eine

trap? He is on the watch, and fully expecting you to blunder into it.
Falle Er ist auf (der) Ausschau und voll und ganz erwartend dich zu tappen hinein

Well, he is going to be disappointed – at least while I am on deck.
Nun er wird werden enttäuscht wenigstens solange ich bin an Bord

Sally!" "Well?" "As long as you live, if it's a hundred years, don't
Sally Ja So lange wie du lebst wenn es sind einhundert Jahre tue nicht

it is a hundred years = es sind einhundert Jahre   [englisch Singular/ deutsch Plural !]

you ever make an inquiry. Promise!" "All right," with a sigh
du jemals anstellen eine Nachforschung Versprich [es] In Ordnung mit einem Seufzer

don't you ever = tue ja nicht

and reluctantly. Then Aleck softened and said: "Don't be
und widerstrebend Dann Aleck wurde weicher und sagte Tue nicht sein

impatient. We are prospering; we can wait; there is no hurry.
ungeduldig Wir sind gedeihend [haben Erfolg] wir können warten da ist keine Eile

Our small dead-certain income increases all the time; and
Unser kleines todsicheres Einkommen wächst an ganze die Zeit [ständig] und

22

as to   futures,   I have not made a mistake yet – they are
was betrifft Termingeschäfte ich habe nicht gemacht einen Fehler bisher sie sind

piling up   by the thousands and tens of thousands. There is
sich anhäufend im Bereich der Tausende und Zehntausende Da ist [gibt es]

not another   family in the state with such prospects as ours.
nicht eine andere [keine zweite] Familie in dem Staat mit solchen Aussichten wie unseren

Already we are beginning to roll in eventual   wealth.
Bereits jetzt wir sind beginnend uns zu wälzen in schließlich [kommendem] Wohlstand

You know that, don't you?" "Yes, Aleck, it's certainly so." "Then be
Du weißt das tust nicht du Ja Aleck es ist gewiss so Dann sei

grateful for what God is doing for us and stop   worrying. You do
dankbar für was Gott ist tuend für uns und höre auf [zu] dich beunruhigen(d) Du tust

not believe we could have achieved these prodigious results without
nicht glauben wir könnten haben erreicht diese unglaublichen Ergebnisse ohne

His   special help and guidance, do you?"
Seine [Gottes] besondere Hilfe und Anleitung tust du

You do not believe..., do you? = du glaubst nicht..., oder?

Hesitatingly, "N-no, I suppose not." Then, with feeling and
Zögerlich N-nein ich vermute nicht Dann mit Gefühl und

admiration, "And yet, when it comes to judiciousness in watering a
Bewunderung Und doch wenn es kommt zu Besonnenheit bei bewässernd eine

stock or putting up a hand to skin   Wall Street   I
Aktie oder erhebend eine Hand zu schröpfen [New Yorker Banken-/Börsenviertel] ich

to skin = schälen, häuten

don't give in that YOU need   any   outside amateur help,
tue nicht einlenken dass Du brauchst irgendwelche äußere Laienhilfe

if I do   wish I – " "Oh, DO   shut up!
wenn ich tue [wirklich] wünschen ich Oh tue [endlich] halten den Mund

do = Hilfsverb (tun). In Aussage-/ Imperativsätzen wie den obigen wirkt „do" verstärkend

I know you do not mean   any   harm or any irreverence,
Ich weiß du tust nicht beabsichtigen irgendeinen Schaden oder irgendeine Respektlosigkeit

poor boy, but you can't   seem to   open your mouth
armer Junge aber du kannst nicht scheinen zu [scheinbar nicht] öffnen deinen Mund

without letting out things to make a person shudder. You keep me
ohne lassend heraus Dinge zu lassen einen Menschen schaudern Du hältst mich

in constant dread. For you and for all of us. Once I had no fear of
in ständiger Angst Um dich und um alle von uns Einst ich hatte keine Furcht vor

the thunder, but now when I hear it I – " Her voice broke, and she
dem Donner aber jetzt wenn ich höre ihn ich Ihre Stimme brach und sie

began to cry, and could not finish. The sight of this smote Sally to
begann zu weinen und konnte nicht aufhören Der Anblick davon ergriff Sally bis in

23

the heart and he took her in his arms and petted her and comforted
das Herz und er nahm sie in seine Arme und streichelte sie und tröstete

her and promised better conduct, and upbraided himself and
sie und versprach besseres Benehmen und machte Vorwürfe sich selbst und

remorsefully pleaded for forgiveness.
reuevoll flehte um Vergebung

And he was in earnest, and sorry for what he had done and ready
Und er war im Ernst und traurig wegen [dem] was er hatte getan und bereit
to be in earnest = es ernst / aufrichtig meinen

for any sacrifice that could make up for it. And so, in privacy, he
für jedes Opfer das konnte wiedergutmachen (für) es Und so im Stillen er
privacy = Privatsphäre, Ungestörtheit, Vertraulichkeit, Geheimhaltung

thought long and deeply over the matter, resolving to do what
nachdachte lange und gründlich über die Sache sich entschließend zu tun was

should seem best. It was easy to PROMISE reform; indeed he had
würde erscheinen am besten Es war leicht zu versprechen Besserung tatsächlich er hatte

already promised it.
bereits versprochen sie

But would that do any real good, any permanent good? No,
Aber würde das bewirken irgendetwas wirklich Gutes irgendetwas bleibend Gutes Nein

it would be but temporary – he knew his weakness, and confessed
es würde sein lediglich vorübergehend er kannte seine Schwäche und eingestand

it to himself with sorrow – he could not keep the promise. Something
sie (an) sich selbst mit Bedauern er konnte nicht halten das Versprechen Etwas

surer and better must be devised; and he devised it.
Sichereres und Besseres musste werden erdacht und er erdachte es

At cost of precious money which he had long been saving up,
Auf Kosten von wertvollem Geld welches er hatte lange gewesen sparend

shilling by shilling, he put a lightning-rod on the house.
Schilling für Schilling [Währung] er setzte einen Blitzableiter auf das Haus

At a subsequent time he relapsed. What miracles habit
Zu einer späteren Zeit er hatte einen Rückfall Welch Wunder Gewohnheit

can do! and how quickly and how easily habits are acquired –
kann vollbringen und wie schnell und wie leicht Gewohnheiten werden erworben

both trifling habits and habits which profoundly
sowohl 1... unbedeutende Gewohnheiten als auch 1 Gewohnheiten welche zutiefst

change us.
verändern uns

If by accident we wake at two in the morning a couple of
Wenn zufällig wir aufwachen um zwei in dem Morgen ein paar

24

nights in succession, we have need to be uneasy, for another
Nächte in Folge wir haben Bedarf zu sein beunruhigt denn eine weitere

repetition can turn the accident into a habit; and a month's
Wiederholung kann verwandeln den Zufall in eine Gewohnheit und eines Monats

dallying with whiskey – but we all know these
leichtfertig umgehend [leichtfertiger Umgang] mit Whiskey aber wir alle kennen diese

commonplace facts.
alltäglichen Fakten

The castle-building habit, the day-dreaming habit – how it grows!
Die Schlossbaugewohnheit die Tagtraumgewohnheit wie es zunimmt

what a luxury it becomes; how we fly to its enchantments at every
welch ein Luxus es wird wie wir fliegen zu ihrem Zauber in jedem

idle moment, how we revel in them, steep our souls in them,
freien Moment wie wir schwelgen in ihnen baden unsere Seelen in ihnen

intoxicate ourselves with their beguiling fantasies – oh yes, and how
berauschen uns mit ihren betörenden Phantasien oh ja und wie

soon and how easily our dream life and our material life become so
bald und wie leicht unser Traumleben und unser reales Leben werden so

intermingled and so fused together that we can't quite tell
vermischt und so verschmolzen miteinander dass wir können nicht 1... genau sagen

which is which, any more .
welches ist welches mehr ...1   not any more = nicht mehr

By and by Aleck subscribed to a Chicago daily and the WALL
Nach und nach Aleck abbonierte eine Chicagoer Tageszeitung und den

STREET POINTER. With an eye single to finance she
[Zeitungsname] Mit einem Auge[nmerk] [gerichtet] einzig auf Finanzen sie
pointer = Zeiger, Hinweis

studied these as diligently all the week as she studied her
studierte diese ebenso 1... eifrig die ganze Woche wie...1 sie studierte an ihren

Bible Sundays. Sally was lost in admiration, to note with
Bibelsonntagen Sally war verloren in Bewunderung [überwältigt] zu beobachten mit

what swift and sure strides her genius and judgment developed
welch schnellen und sicheren Schritten ihr Talent und Urteilsvermögen sich entwickelten

and expanded in the forecasting and handling of the securities of
und zunahmen in der Vorhersage und Handhabung von den Sicherheiten von

both the material and spiritual markets.
sowohl 1... den materiellen als auch...1 [den] spirituellen Märkten

He was proud of her nerve and daring in exploiting worldly stocks,
Er war stolz auf ihren Mut und [ihre] Kühnheit in ausbeutend weltliche Aktien

and just as proud of her conservative caution in working her spiritual
und genauso stolz auf ihre konservative Vorsicht in ausarbeitend ihre spirituellen

deals. He noted that she never lost her head in either case;
Geschäfte Er bemerkte dass sie niemals verlor ihren Kopf in beiden Fällen [engl. Singular]

that with a splendid courage she often went short on
dass mit einer großartigen Courage sie oft ging knapp bei [ihr gingen aus die]

worldly futures, but heedfully drew the line there – she was
weltlichen Termingeschäfte aber achtsam zog die Grenze dort sie war

always long on the others.
immer lang bei [bestens versorgt bei] den anderen

Her policy was quite sane and simple, as she explained it to
Ihre Vorgehensweise war absolut vernünftig und einfach wie sie erklärte sie (zu)

him: what she put into earthly futures was for speculation, what
ihm was sie steckte in irdische Termingeschäfte war zur Spekulation was

she put into spiritual futures was for investment; she was willing to
sie steckte in spirituelle Termingeschäfte war zur Investition sie war willens zu

go into the one on a margin, and take chances, but in the case
gehen in das eine mit geliehenen Sicherheiten und eingehen Risiken aber in dem Fall

of the other, she wanted to cash in a hundred cents per dollar's
von dem anderen sie beabsichtigte Kapital zu schlagen einhundert Cent pro Dollar-

worth, and have the stock transferred on the books.
wert und haben den Bestand eingetragen in die [Konto] Bücher

have something done = etwas erledigen lassen

It took but a very few months to educate Aleck's imagination
Es beanspruchte nur (ein) ganz wenige Monate zu schulen Alecks Vorstellungskraft

a few months = ein paar Monate / „very" vor Substantiv: verstärkt die Aussage

and Sally's. Each day's training added something to the range of
und Sallys Jeden Tages Ausbildung fügte hinzu etwas zu dem Aktionsradius

activity and the effectiveness of the two machines. As a consequence,
und der Effektivität von den beiden Maschinen Infolgedessen

Aleck made imaginary money much faster than at first she had
Aleck verdiente imaginäres Geld viel schneller als anfangs sie hatte

dreamed of making it, and Sally's competency in spending the
erträumt zu verdienend es und Sallys Tüchtigkeit in ausgebend den

overflow of it kept pace with the strain put upon it, right
Überschuss davon hielt Schritt mit dem Stress gelegt darauf [damit verbunden] immer

along.
weiter

In the beginning, Aleck had given the coal speculation a
An dem Anfang Aleck hatte gegeben der Kohlespekulation einen

Twelvemonth in which to materialize, and had been loath
Zwölfmonat[szeitraum] in welchem zu realisieren sich und hatte gewesen abgeneigt

to grant that this term might possibly be shortened by nine
zuzugestehen dass diese Laufzeit könnte möglicherweise werden verkürzt um neun

months. But that was the feeble work, the amateur work, of a
Monate Aber das war das klägliche Werk das Amateurwerk von einer

financial fancy that had had no teaching, no experience, no
finanziellen Phantasie die hatte gehabt keine Ausbildung keine Erfahrung keine

practice.
Übung

These aids soon came, then that nine months vanished, and the
Diese Hilfen bald kamen dann jene neun Monate verschwanden und die

imaginary ten-thousand-dollar investment came marching home
imaginäre Zehntausend-Dollar-Investition kam marschierend nach Hause

with three hundred per cent. profit on its back! It was a great day
mit dreihundert Prozent Profit auf ihrem Rücken Es war ein großer Tag

for the pair of Fosters. They were speechless for joy.
für das Paar von [die beiden] Fosters Sie waren sprachlos vor Glück

Also speechless for another reason: after much watching of the
Ebenso sprachlos wegen einem weiteren Grund Nach viel Beobachtung von dem

market, Aleck had lately, with fear and trembling, made her first
Markt Aleck hatte kürzlich mit Furcht und Zittern gemacht ihre erste

flyer on a stock, using the remaining twenty thousand of the
Spekulation auf eine Aktie verwendend die verbleibenden zwanzigtausend von dem

bequest in this risk. In her mind's eye she had seen it climb, point
Vermächtnis in diesem Risiko In ihrem Geistes Auge sie hatte gesehen sie steigen Punkt

by point – always with a chance that the market would break – until
um Punkt immer mit einem Risiko dass der Markt würde einbrechen bis

at last her anxieties were too great for further endurance – she being
schließlich ihre Ängste waren zu groß für weiteres Aushalten sie seiend

new to the stock business and unhardened, as yet – and she gave her
neu in dem Aktiengeschäft und nicht abgehärtet noch und sie gab ihrem

imaginary broker an imaginary order by imaginary telegraph to
imaginären Broker einen imaginären Auftrag über [einen] imaginären Telegraphen zu

sell. She said forty thousand dollars profit was enough.
verkaufen Sie sagte vierzigtausend Dollar Profit wäre genug

The sale was made on the very day that the coal venture had
Der Verkauf wurde getätigt an ebendem Tag [an] dem die Kohleunternehmung hatte

returned with its rich freight. As I have said, the couple were
zurückgekehrt mit ihrer reichen Fracht Wie ich habe gesagt das Paar war

speechless, they sat dazed and blissful that night, trying to
sprachlos sie dasaßen benommen und glückselig jene Nacht versuchend zu

realize that they were actually worth a hundred thousand dollars in
begreifen dass sie waren wirklich wert einhunderttausend Dollar in

clean, imaginary cash. Yet so it was. It was the last time that ever
sauberem imaginärem Bargeld Doch so es war Es war das letzte Mal dass jemals

Aleck was afraid of a stock; at least afraid enough to let it
Aleck war angsterfüllt vor [wegen] einer Aktie zumindest angsterfüllt genug zu lassen es

break her sleep and pale her cheek to the extent that this first
zerstören ihren Schlaf und bleichen ihre Wange in dem Ausmaß [in] dem diese erste

experience in that line had done.
Erfahrung in dieser Richtung hatte getan

Indeed it was a memorable night. Gradually the realization that they
In der Tat es war eine denkwürdige Nacht Allmählich die Erkenntnis dass sie

were rich sank securely home into the souls of the pair, then they
waren reich sank sicher heim in die Seelen von dem Paar dann sie

> to sink into somebody's soul = jemandem in die Seele dringen

began to place the money. If we could have looked out through the
begannen einzusetzen das Geld Wenn wir könnten haben geschaut heraus durch die

eyes of these dreamers, we should have seen their tidy little wooden
Augen von diesen Träumern wir würden haben gesehen ihr hübsches kleines hölzernes

house disappear, and two-story brick with a cast-iron fence in front
Haus verschwinden und zweistöckigen Backstein mit einem gusseisernen Zaun davor

of it take its place; we should have seen a three-globed gas-
einnehmen seinen Platz wir würden haben gesehen einen dreikugeligen Gas-

chandelier grow down from the parlor ceiling; we should have seen
kronleuchter wachsen herunter von der Wohnzimmerdecke wir würden haben gesehen

the homely rag carpet turn to noble Brussels, a dollar and a half
den schlichten Flickenteppich verwandeln sich in noblen Brüssler anderthalb Dollar

a yard; we should have seen the plebeian fireplace vanish away
pro [Längenmaß] wir würden haben gesehen den gewöhnlichen Kamin verschwinden

and a recherché, big replacement with impressive windows
und einen ausgefallenen großen Ersatz mit beeindruckenden Fenstern

take position and spread awe around
einnehmen [dessen] Position und verbreiten Ehrfurcht (umher)

And we should have seen other things, too; among them the horse,
Und wir würden haben gesehen andere Dinge ebenfalls unter ihnen das Pferd,

the buggy, the lap-robe, and so on. From that time forth, although the
den Wagen die Decke und so weiter Von jener Zeit an obgleich die

daughters and the neighbors saw only the same old wooden house
Töchter und die Nachbarn sahen nur das gleiche alte hölzerne Haus

there, it was a two-story brick to Aleck and Sally and not a
dort es war ein zweistöckiges Backstein[haus] für Aleck und Sally und nicht eine

night went by that Aleck did not worry about the imaginary gas-
Nacht verging [in] der Aleck tat nicht sich sorgen wegen der imaginären Gas-

bills, and get for all comfort Sally's reckless retort: "What of
rechnungen und bekommen als einzigen Trost Sallys unbesonnene Erwiderung Na und

it? We can afford it."
Wir können uns leisten es

Before the couple went to bed, that first night that they were rich, they
Bevor das Paar ging zu Bett jene erste Nacht die sie waren reich sie

had decided that they must celebrate. They must give a party –
hatten beschlossen dass sie mussten feiern Sie mussten geben eine Party

that was the idea. But how to explain it – to the daughters and the
das war die Idee Aber wie (zu) erklären es (zu) den Töchtern und den

neighbors? They could not expose the fact that they were rich.
Nachbarn Sie konnten nicht offenbaren die Tatsache dass sie waren reich

Sally was willing, even anxious, to do it; but Aleck kept her head
Sally war willens sogar sehnlich wünschend zu tun es aber Aleck behielt ihren Kopf

and would not allow it. She said that although the money was as
und wollte nicht erlauben es Sie sagte dass obwohl das Geld war so

good as in, it would be as well to wait until it was actually in.
gut wie drin es würde sein ebenso gut zu warten bis es wäre tatsächlich drin

On that policy she took her stand, and would not budge.
Auf dieser Vorgehensweise sie einnahm ihren Standpunkt und wollte nicht nachgeben

The great secret must be kept, she said – kept from the
Das große Geheimnis musste werden bewahrt sie sagte bewahrt vor den

daughters and everybody else. The pair were puzzled. They must
Töchtern und jedem Anderen Das Paar war ratlos Sie mussten

celebrate, they were determined to celebrate, but since the secret
feiern sie waren entschlossen zu feiern aber da das Geheimnis

must be kept, what could they celebrate?
musste werden bewahrt was konnten sie feiern

No birthdays were due for three months. Tilbury wasn't available,
Keine Geburtstage waren fällig für drei Monate Tilbury war nicht verfügbar

evidently he was going to live forever; what the hell COULD they
offensichtlich er würde leben ewig was zur Hölle konnten sie

celebrate? That was Sally's way of putting it; and he was getting
feiern Das war Sallys Art zu formulieren es und er war werdend

impatient, too, and harassed. But at last he hit it – just by sheer
ungeduldig auch und gequält Aber schließlich er traf es einfach durch reine

inspiration, as it seemed to him – and all their troubles were gone
Eingebung wie es erschien (zu) ihm und all ihre Sorgen waren fort

in a moment; they would celebrate the Discovery of America. A
in einem Moment sie würden feiern die Entdeckung von Amerika Eine

splendid idea! Aleck was almost too proud of Sally for words – she
großartige Idee Aleck war fast zu stolz auf Sally für Worte sie

said SHE never would have thought of it.
sagte sie niemals würde haben gedacht daran

But Sally, although he was bursting with delight in the compliment
Aber Sally obwohl er war platzend vor Freude an dem Kompliment

and with wonder at himself, tried not to let on, and said it wasn't
und mit Staunen über sich selbst versuchte nicht zu verraten [sich] und sagte es war nicht

really anything, anybody could have done it. Whereat Aleck, with a
wirklich etwas jeder könnte haben getan es Worüber Aleck mit einem

prideful toss of her happy head, said: "Oh, certainly! Anybody
stolzen Hochwerfen von ihrem frohen Kopf sagte Oh sicher Jeder

could – oh, anybody! Hosannah Dilkins, for instance! Or maybe
könnte oh jeder [Eigenname] zum Beispiel Oder vielleicht

Adelbert Peanut – oh, DEAR – yes! Well, I'd like to see
[Eigenname] oh mein Lieber ja Also ich würde mögen zu sehen

them try it, that's all.
sie versuchen es das ist alles

If they could think of the discovery of a forty-acre island it's
Wenn sie könnten denken an die Entdeckung von einer 40- Morgen-Insel es ist

more than I believe they could; and as for the whole continent, why,
mehr als ich glaube sie könnten und was betrifft den ganzen Kontinent nun

Sally Foster, you know perfectly well, even if their life depended
Sally Foster du weißt absolut gut selbst wenn ihr Leben hinge ab

on it, they couldn't!" The dear woman, she knew he had talent;
davon sie könnten nicht Die liebe Frau sie wusste er hatte Talent

and if affection made her over-estimate the size of it a little,
und wenn Zuneigung machte sie überschätzen das Ausmaß davon ein wenig

to make someone do something = jemanden dazu bringen etwas zu tun

surely it was a sweet and gentle crime, and forgivable for its
sicherlich es war ein süßes und liebenswürdiges Verbrechen und verzeihbar um seiner

source's sake.
Herkunft Willen

CHAPTER V
Kapitel V

The celebration went off well. The friends were all present, both
Die Feier ging los gut Die Freunde waren alle anwesend sowohl 1...

the young   and   the old. **Among the young were Flossie and Gracie**
die   jungen als auch...1   die alten   Unter   den   jungen   waren Flossie und   Gracie

Peanut and their brother Adelbert, who was a   rising young
Peanut und   ihr   Bruder   Adelbert   der   war ein aufstrebender junger

journeyman tinner, also Hosannah Dilkins, Jr., journeyman plasterer,
Klempnergeselle   ebenfalls Hosannah   Dilkins Junior   Gipsergeselle

just   out of his apprenticeship.
gerade heraus aus seiner   Lehre

For many months Adelbert and Hosannah had   been showing interest
Für   viele   Monate   Adelbert   und   Hosannah   hatten gewesen zeigend   Interesse

in Gwendolen and Clytemnestra Foster, and the parents of the girls
an   Gwendolen   und   Clytemnestra   Foster und die   Eltern von den Mädchen

had noticed this with private satisfaction. But they suddenly realized
hatten bemerkt dies mit insgeheimer Zufriedenheit Aber sie   plötzlich   erkannten

now that that feeling had   passed.
nun dass jenes Gefühl hatte [war] vergangen

They recognized that the changed financial conditions had raised up
Sie   erkannten   dass die geänderten finanziellen Bedingungen hatten errichtet

a   social bar between their daughters and the young mechanics. The
eine soziale Barriere zwischen ihren   Töchtern   und den jungen Handwerkern   Die

daughters could now   look higher – and must. Yes, must. They
Töchter   konnten nun aussschauen höher   und mussten Ja mussten Sie

need   marry nothing below the grade of lawyer or merchant; poppa
brauchten heiraten   nicht   unter dem Rang von Anwalt oder Kaufmann   Papa

and momma would take care of this; there must be no mesalliances.
und Mama   würden sich kümmern   darum   da durften sein keine Missheiraten

mesalliance = Ehe zwischen Partnern aus verschiedenen Gesellschaftsschichten

However, these thinkings and projects of theirs were private, and did
Jedoch   diese   Ansichten und   Projekte (von ihren) waren   privat   und taten

not show on the surface, and therefore threw no shadow upon the
nicht sich zeigen an der Oberfläche und   daher   warfen keinen Schatten auf   die

celebration. What showed upon the surface was a serene and lofty
Feier   Was sich zeigte   auf   der Oberfläche war eine gelassene und vornehme

contentment and a dignity of carriage and gravity of deportment
Zufriedenheit und eine Würde der Haltung und Feierlichkeit des   Betragens

which compelled the admiration and likewise the wonder of the
welche   abnötigten   die Bewunderung und ebenso   das Staunen von der

company. All noticed it and all   commented upon it, but none was
Gesellschaft Alle bemerkten es und alle machten Bemerkungen darüber aber keiner war

able to divine the secret of it. It was a marvel and a mystery.
fähig zu erraten das Gehemnis davon Es war ein Wunder und ein Rätsel

Three several persons remarked, without suspecting what clever
Drei verschiedene Personen bemerkten ohne ahnend was [für] kluge

shots they were making: "It's as if they'd come into property."
Schüsse sie waren abgebend Es ist als ob sie hätten gekommen zu Besitz

That was just it, indeed. Most mothers would have taken
Das war genau das in der Tat [Die] meisten Mütter würden haben genommen

hold of the matrimonial matter in the old regulation way; they would
Einfluss auf die Eheangelegenheit in der alten Vorschriftsart sie würden

have given the girls a talking to, of a solemn sort and
haben erteilt den Mädchen eine Kopfwäsche von einer ernsten Art und

to give somebody a talking to = jemandem die Leviten lesen

untactful – a lecture calculated to defeat its own purpose, by
taktlos einen Vortrag ausgelegt zu vereiteln seinen eigenen Zweck durch

producing tears and secret rebellion; and the said mothers would
hervorrufend Tränen und heimliche Rebellion und die besagten Mütter würden

have further damaged the business by requesting the young
haben weiter beschädigt das Unternehmen durch Ersuchen die jungen

mechanics to discontinue their attentions.
Handwerker einzustellen ihre Aufmerksamkeiten

But this mother was different. She was practical. She said nothing
Aber diese Mutter war anders Sie war praktisch Sie sagte nichts

to any of the young people concerned, nor to anyone else
zu irgendeinem von den jungen Leuten betroffen noch zu irgendjemand anderem

except Sally. He listened to her and understood; understood and
außer Sally Er hörte zu ihr und verstand verstand und

admired. He said: "I get the idea. Instead of finding fault with
bewunderte Er sagte Ich begreife den Gedanken Anstatt von findend Fehler bei

the samples on view, thus hurting feelings and obstructing
den Exemplaren zur Betrachtung stehend dadurch verletzend Gefühle und behindernd [den]

trade without occasion, you merely offer a higher class of goods for
Handel ohne Anlass du lediglich bietest eine höhere Warenklasse für

the money, and leave nature to take her course.
das Geld und überlässt [es der] Natur zu nehmen ihren Lauf

It's wisdom, Aleck, solid wisdom. Who's your fish? Have you
Es ist Klugheit Aleck gehörige Klugheit Wer ist dein Fisch Hast du

nominated him yet?" No, she hadn't. They must look the
nominiert ihn bereits Nein sie hatte nicht Sie mussten inspizieren 1... den

market over – which they did.
Markt ...1 was sie taten

To start with, they considered and discussed Brandish, rising
Zu beginnen mit sie erwägten und diskutierten Brandish aufstrebenden

young lawyer, and Fulton, rising young dentist. Sally must invite
jungen Rechtsanwalt und Fulton aufstrebenden jungen Zahnarzt Sally musste einladen

them to dinner. But not right away; there was no hurry, Aleck said.
sie zum Essen Aber nicht gleich da war keine Eile Aleck sagte

Keep an eye on the pair, and wait; nothing would be lost by
Halte ein Auge auf die beiden und warte nichts würde werden verloren durch

going slowly in so important a matter.
vorgehend langsam in so wichtig einer Angelegenheit

It turned out that this was wisdom, too; for inside of three weeks
Es stellte sich heraus das dies war Klugheit ebenfalls denn innerhalb von drei Wochen

Aleck made a wonderful strike which swelled her imaginary
Aleck machte einen wunderbaren Treffer welcher anschwellen ließ ihre imaginären

hundred thousand to four hundred thousand of the same quality. She
100.000 auf 400.000 von der gleichen Qualität Sie

and Sally were in the clouds that evening.
und Sally waren in den Wolken jenen Abend

For the first time they introduced champagne at dinner. Not real
Zum ersten Mal sie führten ein Champagner zum Essen Keinen echten

champagne, but plenty real enough for the amount of imagination
Champagner aber reichlich echt genug für die Menge an Vorstellungskraft

expended on it. It was Sally who did it, and Aleck weakly submitted.
aufgewandt darauf Es war Sally der tat es und Aleck nachgiebig fügte sich

At bottom both were troubled and ashamed, for he was a
Im Grunde genommen beide waren aufgewühlt und beschämt denn er war ein

high-up Son of Temperance, and at funerals wore an apron which
hochrangiger Sohn der Mäßigung und bei Beerdigungen trug einen Vorbinder welchen

Sons of Temperance = zur Handlungszeit existierende amerikanische Bruderschaft

no dog could look upon and retain his reason and his opinion; and
kein Hund konnte anschauen und bewahren seinen Verstand und seine Meinung und

she was a W. C. T. U., with all that that
sie war eine [Woman's Christian Temperance Union] mit alledem [was] das

W. C. T. U. = aus amerikanischer Abstinenzbewegung entstandene Frauenorganisation

implies of unflagging virtue and unendurable holiness.
mit sich bringt an eiserner Tugend und unerträglicher Heiligeit

But there it was; the pride of riches was beginning its disintegrating
Aber da es war der Stolz des Reichtums war beginnend seine zerstörerische

work.
Arbeit

They had lived to prove, once more, a sad truth which had been
Sie hatten gelebt zu beweisen einmal mehr eine traurige Wahrheit welche hatte geworden

proven many times before in the world: that whereas principle is a
bewiesen viele Male zuvor in der Welt dass während Prinzip ist ein

great and noble protection against showy and degrading vanities
großartiger und edler Schutz gegen protzige und entwürdigende Eitelkeiten

and vices, poverty is worth six of it.
und Laster Armut ist wert sechs davon [sechsmal soviel]

More than four hundred thousand dollars to the good. They
Mehr als vierhunderttausend Dollar zu den Guten [im Haben] Sie

took up the matrimonial matter again. Neither the dentist nor the
nahmen auf die Eheangelegenheit wieder Weder der Zahnarzt noch der

lawyer was mentioned; there was no occasion, they were out of
Rechtsanwalt wurde erwähnt da war kein Anlass sie waren heraus aus

the running. Disqualified. They discussed the son of the pork-
dem Rennen Disqualifiziert Sie diskutierten den Sohn von dem Schweinefleisch-

packer and the son of the village banker.
packer und den Sohn von dem Dorfbankier

But finally, as in the previous case, they concluded to wait and
Aber schließlich wie in dem vorhergehenden Fall sie beschlossen zu warten und

think, and go cautiously and sure. Luck came their way
nachzudenken und vorzugehen vorsichtig und sicher Glück kam ihren Weg [entlang]

again. Aleck, ever watchful saw a great and risky chance, and
wieder Aleck immer wachsam sah eine großartige und riskante Chance und

took a daring flyer.
unternahm eine kühne Spekulation

A time of trembling, of doubt, of awful uneasiness followed, for
Eine Zeit des Zitterns des Zweifelns der fürchtelichen Unruhe folgte denn

non-success meant absolute ruin and nothing short of it. Then came
Nichterfolg bedeutete völligen Ruin und nichts entfernt davon Dann kam
nothing short of it = nichts Geringeres

the result, and Aleck, faint with joy, could hardly control her voice
das Ergebnis und Aleck schwindelig vor Freude konnte kaum kontrollieren ihre Stimme

when she said: "The suspense is over, Sally – and we are worth a
als sie sagte Die Spannung ist vorbei Sally und wir sind wert eine

cold million!" Sally wept for gratitude, and said: "Oh, Electra,
kalte [ganze] Million Sally weinte vor Dankbarkeit und sagte Oh Electra

jewel of women, darling of my heart, we are free at last, we roll
Juwel der Frauen Liebling von meinem Herzen wir sind frei endlich wir wälzen uns

in wealth, we need never scrimp again. It's a case for Veuve
in Wohlstand wir brauchen niemals knausern wieder Es ist ein Fall für [Champagnermarke]

Cliquot!" and he got out a pint of spruce-beer and made
und er holte heraus einen halben Liter (von) Sprossenbier und brachte

sacrifice, he saying "Damn the expense," and she rebuking him
Opfer er sagend Zum Teufel die Kosten und sie tadelnd ihn

gently with reproachful but humid and happy eyes.
sanft mit vorwurfsvollen aber feuchten und glücklichen Augen

They shelved the pork-packer's son and the banker's son,
Sie legten zu den Akten den Sohn des Schweinefleischpackers und den Bankierssohn

and sat down to consider the Governor's son and the son of the
und setzten sich nieder zu erwägen des Governeurs Sohn und den Sohn von dem

Congressman.
Kongressabgeordneten

CHAPTER VI
Kapitel VI

It were a weariness to follow in detail the leaps and bounds
Es wäre eine Ermüdung [ermüdend] zu verfolgen im Detail die Hüpfer und Sprünge
by leaps and bounds = mit Riesenschritten

the Foster fictitious finances took from this time forth. It was
die Fosterschen Scheinfinanzen nahmen von dieser Zeit an Es war

marvelous, it was dizzying, it was dazzling. Everything Aleck
wunderbar es war schwindelerregend es war überwältigend Alles [was] Aleck

touched turned to fairy gold, and heaped itself glittering toward
berührte verwandelte sich in Feengold und häufte sich funkelnd gen

the firmament.
[das] Firmament

Millions upon millions poured in, and still the mighty stream
Millionen auf Millionen strömten herein und immer noch der mächtige Strom

flowed thundering along, still its vast volume increased. Five
floss donnernd weiter immer noch sein riesiger Umfang nahm zu Fünf

millions – ten millions – twenty – thirty – was there never to be an
Millionen zehn Millionen zwanzig dreißig war da niemals zu sein ein

end? Two years swept by in a splendid delirium, the intoxicated
Ende Zwei Jahre fegten vorbei in einem herrlichen Delirium die berauschten

Fosters scarcely noticing the flight of time.
Fosters kaum bemerkend den Flug der Zeit

35

They were now worth three hundred million dollars; they were in every
Sie waren nun wert dreihundert Millionen Dollar sie waren in jedem

board of directors of every prodigious combine in the country;
Aufsichtsrat von jedem außerordentlichen Konzern in dem Land

and still as time drifted along, the millions went on piling up,
und immer noch als Zeit driftete weiter die Millionen fuhren fort türmend sich auf

five at a time, ten at a time, as fast as they could tally them off,
fünf auf einmal zehn auf einmal so schnell wie sie konnten zählen sie ab

almost.
beinahe

The three hundred doubled itself – then doubled again – and
Die dreihundert verdoppelten sich selbst dann verdoppelten sich wieder und

yet again – and yet once more. Twenty-four hundred millions! The
noch einmal und noch einmal mehr Zweitausendvierhundert Millionen Das

business was getting a little confused. It was necessary to take an
Geschäft war geratend ein wenig durcheinander Es war notwendig vorzunehmen eine

account of stock, and straighten it out.
Bestandsaufnahme und richten 1... es ...1

The Fosters knew it, they felt it, they realized that it was
Die Fosters wussten es sie fühlten es sie erkannten dass es war

imperative; but they also knew that to do it properly and perfectly
zwingend erforderlich aber sie auch wussten dass zu tun es anständig und perfekt

the task must be carried to a finish without a break when
die Aufgabe musste werden ausgeführt zu einem Ende ohne eine Unterbrechung wenn

once it was begun. A ten-hours' job; and where could THEY find
einmal sie war begonnen Eine Zehn-Stunden-Arbeit und wo konnten Sie finden

ten leisure hours in a bunch? Sally was selling pins and sugar
zehn Mußestunden in einem Bund Sally war verkaufend Stecknadeln und Zucker

bunch = Bund, Strauß, Haufen / in a bunch = hier: an einem Stück

and calico all day and every day; Aleck was cooking and washing
und Kattun den ganzen Tag und jeden Tag Aleck war kochend und waschend

calico = bedruckter Baumwollstoff

dishes and sweeping and making beds all day and every day,
Geschirr und wischend und machend Betten den ganzen Tag und jeden Tag

with none to help, for the daughters being saved up for
mit niemandem zu helfen denn die Töchter waren werdend aufgespart für [die]

high society. The Fosters knew there was one way to get the ten
hohe Gesellschaft Die Fosters wussten da war ein Weg zu bekommen die zehn

hours, and only one. Both were ashamed to name it; each waited for
Stunden und nur einer Beide waren beschämt zu benennen es jeder wartete auf

the other to do it.
den anderen zu tun es

Finally Sally said: "Somebody's got to give in. It's up to me.
Schließlich Sally sagte Jemand hat zu geben nach Es ist an mir

Consider that I've named it – never mind pronouncing it out
Betrachte [es so, als] dass ich habe benannt es niemals sorge dich verkündend es heraus

aloud." Aleck colored, but was grateful. Without further remark, they
laut Aleck errötete aber war dankbar Ohne weitere Bemerkung sie

fell. Fell, and – broke the Sabbath. For that was their only free ten-
fielen Fielen und brachen den Sabbat Denn das war ihre einzige freie Zehn-

hour stretch. It was but another step in the downward path.
Stunden-Zeitspanne Es war nur ein weiterer Schritt auf dem abwärtsführenden Weg

Others would follow. Vast wealth has temptations which
Weitere [Schritte] würden folgen Enormer Reichtum hat Verlockungen welche

fatally and surely undermine the moral structure of persons not
verhängnisvoll und unvermeidlich untergraben die moralische Struktur von Personen nicht
structure = Bauweise, Aufbau, Struktur, Knochengerüst

habituated to its possession. They pulled down the shades and broke
gewöhnt an seinen Besitz Sie zogen herunter die Jalousien und brachen

the Sabbath. With hard and patient labor they overhauled their
den Sabbat Mit harter und geduldiger Arbeit sie überprüften ihre

holdings and listed them.
Besitztümer und listeten auf sie
holding = Gut, Besitz [Aktien]anteil

And a long-drawn procession of formidable names it was! Starting
Und eine ausgedehnte Prozession von beeindruckenden Namen es war Beginnend

with the Railway Systems, Steamer Lines, Standard Oil, Ocean Cables,
mit den Eisenbahnnetzen Dampfschifflinien [Name, Ölindustrie] [Name, Seekabel]

and all the rest, and winding up with Klondike and De Beers.
und dem ganzen Rest und endend mit [Name] [Name]
Klondike = Goldförderung / De Beers = Diamantenhandel

Twenty-four hundred millions, and all safely planted in Good Things,
Zweitausenvierhundert Millionen und alle sicher angelegt in guten Dingen

gilt-edged and interest-bearing. Income, $120,000,000 a year.
mündelsicher und Zinsen tragend Einkommen 120,000,000 Dollar pro Jahr
gilt-edged = Vermögensanlage, bei der Wertverlust fast ausgeschlossen werden kann

Aleck fetched a long purr of soft delight, and said:
Aleck brachte hervor ein langes Schnurren von zarter Freude und sagte

"Is it enough?" "It is, Aleck." "What shall we do?"
Ist es genug Es ist Aleck Was sollen wir tun

"Stand pat." "Retire from business?" "That's it."
Stehen still [daran festhalten] Zurückziehen aus [dem] Geschäft Das ist es

"I am agreed. The good work is finished; we will take a long
Ich bin einig [mit dir] Die gute Arbeit ist abgeschlossen wir werden nehmen eine lange

rest and enjoy the money." "Good! Aleck!" "Yes, dear?"
Pause und genießen das Geld Gut Aleck Ja Schatz

"How much of the income can we spend?" "The whole of it."
Wieviel von dem Einkommen können wir ausgeben Die Gesamtheit davon

It seemed to her husband that a ton of chains fell from his
Es schien (zu) ihrem Ehemann dass eine Tonne von Ketten fiele von seinen

limbs. He did not say a word; he was happy beyond the power of
Gliedmaßen Er tat nicht sagen ein Wort er war glücklich jenseits der Macht der

speech. After that, they broke the Sabbaths right along as fast as they
Sprache Danach sie brachen die Sabbate immer weiter so schnell wie sie

turned up. It is the first wrong step that counts.
auftauchten Es ist der erste falsche Schritt der zählt

Every Sunday they put in the whole day, after
Jeden Sonntag sie steckten hinein [wendeten auf] den ganzen Tag nach [dem]

morning service, on inventions – inventions of ways to spend the
Morgengottesdienst auf Erfindungen Erfindungen von Wegen zu geben aus das

money. They got to continuing this delicious dissipation until past
Geld Sie ankamen bei fortsetzend diese köstliche Ausschweifung bis nach

midnight; and at every seance Aleck lavished millions upon
Mitternacht und bei jeder spiritistischen Sitzung Aleck schüttete Millionen auf

great charities and religious enterprises, and Sally lavished like
große Wohltätigkeitsprojekte und religiöse Unternehmungen und Sally häufte ähnliche

sums upon matters to which (at first) he gave definite names.
Summen auf Angelegenheiten an welche zunächst er vergab eindeutige Namen

Only at first. Later the names gradually lost sharpness of outline, and
Nur zu Anfang Später die Namen allmählich verloren Schärfe von Kontur und

eventually faded into "sundries," thus becoming entirely – but
schließlich verblassten in Diverses dadurch werdend völlig – aber

safely – undescriptive. For Sally was crumbling. The placing of
sicher unanschaulich [unkonkret] Denn Sally war zugrunde gehend Das Zuordnen von

these millions added seriously and most uncomfortably to the family
diesen Millionen trug bei ernsthaft und höchst unangenehm zu den Familien-

expenses – in tallow candles. For a while Aleck was worried. Then,
ausgaben in Talgkerzen Für eine Weile Aleck war besorgt Dann

after a little, she ceased to worry, for the occasion of it was gone.
nach Kurzem sie hörte auf zu sorgen sich denn der Anlass dafür war fort

She was pained, she was grieved, she was ashamed; but she said
Sie war gequält sie war bekümmert sie war beschämt aber sie sagte

nothing, and so became an accessory. Sally was taking candles; he
nichts und so wurde zu einem Mittäter Sally war stehlend Kerzen er

was robbing the store. It is ever thus. Vast   wealth, to the person
war ausraubend den Laden Es ist immer so Immenser Reichtum für die   Person

unaccustomed to it, is a bane; it eats into the flesh and   bone of
ungewöhnt   daran ist ein Ruin es frisst sich in   das Fleisch und [die] Knochen von

his morals.
seiner Moral [engl. Plural, deutsch Singular!]

When the Fosters were poor, they could have been trusted with
Als   die   Fosters waren arm   sie könnten haben geworden vertraut   mit
to trust someone with something = jemandem etwas anvertrauen

untold candles. But now they – but let us not dwell upon it. From
unzähligen Kerzen Aber nun   sie   aber lasst uns nicht verweilen   darauf   Von

candles to apples it is but a step: Sally got to taking apples; then
Kerzen   zu   Äpfeln es ist nur ein Schritt Sally kam zu stehlend Äpfel   dann

soap; then maple-sugar; then canned goods; then crockery.
Seife   dann   Ahornzucker   dann   Konserven   dann   Geschirr

How easy it is to   go from bad   to   worse, when once we have
Wie einfach es ist zu schreiten vom Schlechten zum Schlimmeren wenn einmal wir haben

started upon a   downward course! Meantime, other   effects
aufgebrochen auf einen abwärtsführenden Kurs   Zwischenzeitlich andere Auswirkungen

had   been milestoning the course of their splendid financial
hatten gewesen   markierend   den Verlauf von ihrem imposanten finanziellen

march.   The fictitious brick dwelling had given   place
Voranschreiten Die erfundene Backsteinunterkunft hatte abgegeben [ihren] Platz

to an imaginary granite one with a mansard roof;
an eine imaginäre granitene (eine) mit einem Mansardendach

in time this one disappeared and gave place to a still grander home –
Schließlich diese eine   verschwand und gab ab Platz an ein noch größeres Heim

and so on and so on.
und so weiter und so weiter

Mansion after mansion, made of air, rose, higher, broader, finer, and
Herrenhaus nach Herrenhaus gebaut aus Luft erhob sich höher   breiter   edler und

each in its turn vanished away; until now in these latter great days,
jedes wiederum verschwand (fort)   bis nun in diesen letzteren großen Tagen

our dreamers lived in a distant region, in a sumptuous vast palace
unsere Träumer lebten in einer fernen Region in einem luxuriösen enormen Palast

which looked out from a   leafy summit upon a noble prospect of
welcher schaute aus von einem belaubten Gipfel auf eine noble   Aussicht von

vale and river and   receding   hills steeped in tinted
Tal und Fluss und in der Entfernung verschwindenden Hügeln getaucht in farbige

mists –   and all private, all the property of the dreamers; a palace
Nebelschwaden und alles privat alles das Eigentum von den Träumern ein Palast

swarming with liveried servants, and populous with guests of fame
wimmelnd von uniformierten Dienern und dicht bevölkert mit Gästen von Ruhm

and power, hailing from all the world's capitals, foreign and domestic.
und Macht kommend aus der ganzen Welt Hauptstädte ausländisch und inländisch

This palace was far, far away toward the rising sun, immeasurably
Dieser Palast war weit weit fort entgegen der aufgehenden Sonne unermesslich

remote, astronomically remote, in Newport, Rhode Island, Holy Land
entlegen astronomisch entlegen in Newport Rhode Island Heiliges Land

of High Society, ineffable Domain of the American Aristocracy.
der hohen Gesellschaft atemberaubende Domäne von der amerkanischen Aristokratie

As a rule they spent a part of every Sabbath – after morning
In der Regel sie verbrachten einen Teil von jedem Sabbat nach [dem] Morgen-

service – in this sumptuous home, the rest of it they spent in
gottesdienst in diesem luxuriösen Heim den Rest davon sie verbrachten in

Europe, or in dawdling around in their private yacht.
Europa oder mit bummelnd umher auf ihrer Privatjacht

Six days of sordid and plodding fact life at home on the
Sechs Tage des schäbigen und sich abmühenden Tatsachenlebens zu Hause an dem

ragged edge of Lakeside and straitened means, the seventh in
unwirtlichen Rand von Lakeside und beschränkter Mittel der siebte im

Fairyland – such had been their program and their habit.
Märchenland solcherart hatte gewesen ihr Programm und ihre Gewohnheit

In their sternly restricted fact life they remained as of old –
In ihrem streng beschränkten Tatsachenleben sie blieben wie eh und je

plodding, diligent, careful, practical, economical.
sich abmühend gewissenhaft vorsichtig praktisch sparsam

They stuck loyally to the little Presbyterian Church, and labored
Sie hielten loyal zu der kleinen presbyterianischen Kirche und arbeiteten

faithfully in its interests and stood by its high and tough doctrines
treu für ihre Anliegen und standen zu ihren hohen und harten Lehren

with all their mental and spiritual energies. But in their dream life they
mit all ihren mentalen und spirituellen Energien Aber in ihrem Traumleben sie

obeyed the invitations of their fancies, whatever they might be, and
gehorchten den Aufforderungen von ihren Launen was auch immer diese mochten sein und

howsoever the fancies might change. Aleck's fancies were not very
wie auch immer die Launen mochten sich wandeln Alecks Launen waren nicht sehr

capricious, and not frequent, but Sally's scattered a good deal. Aleck,
wechselhaft und nicht häufig aber Sallys flogen umher ganz schön Aleck

in her dream life, went over to the Episcopal camp, on account of
in ihrem Traumleben wechselte über zu dem Episkopalen Lager wegen

its large official titles; next she became High-church on account
dessen langen offiziellen Titeln als Nächstes sie wurde hochkirchlich wegen

of the candles and shows; and next she naturally changed to Rome,
der Kerzen und Pracht und als Nächstes sie natürlich wechselte nach Rom

where there were cardinals and more candles.
wo da waren Kardinäle und mehr Kerzen

But these excursions were a nothing to Sally's. His dream life
Aber diese Ausflüge waren ein Nichts gegenüber Sallys Sein Traumleben

was a glowing and continuous and persistent excitement, and he
war eine glühende und anhaltende und nicht nachlassende Aufregung und er

kept every part of it fresh and sparkling by frequent changes, the
hielt jeden Teil davon frisch und glitzernd durch häufige Änderungen den

religious part along with the rest.
religiösen Teil einher mit dem Rest

He worked his religions hard, and changed them with his shirt.
Er bearbeitete seine Religionen hart und wechselte sie mit seinem Hemd

The liberal spendings of the Fosters upon their fancies began early
Die großzügigen Ausgaben von den Fosters auf ihre Phantasien begannen früh

in their prosperities, and grew in prodigality step by step with their
in ihren Erfolgen und wuchsen an Verschwendung Schritt für Schritt mit ihren

advancing fortunes. In time they became truly enormous.
steigenden Reichtümern Schließlich sie wurden wirklich gewaltig

Aleck built a university or two per Sunday; also a hospital or two;
Aleck baute eine Universität oder zwei pro Sonntag ebenso ein Krankenhaus oder zwei

also a Rowton hotel or so; also a batch of churches;
ebenso ein Rowton-Hotel oder so ebenso einen Schwung von Kirchen

now and then a cathedral; and once, with untimely and ill-chosen
hin und wieder eine Kathedrale und einmal mit unpassender und schlecht gewählter

playfulness, Sally said, "It was a cold day when she didn't ship a
Verspieltheit Sally sagte Es war ein kalter Tag als sie tat nicht verschiffen eine

cargo of missionaries to persuade unreflecting Chinamen to trade off
Ladung von Missionaren zu überzeugen gedankenlose Chinesen zu tauschen ein

twenty-four carat Confucianism for counterfeit Christianity."
vierundzwanzigkarätigen Konfuzianismus für unechtes Christentum

This rude and unfeeling language hurt Aleck to the heart, and
Diese gemeine und gefühllose Redeweise verletzte Aleck bis ins Herz und

she went from the presence crying. That spectacle went to
sie entfernte sich von der [seiner] Gegenwart weinend Dieses Schauspiel ging [rührte] an

his own heart, and in his pain and shame he would have
sein eigenes Herz und in seinem Schmerz und [seiner] Scham er würde haben

given worlds to have those   unkind words back. She had uttered no
gegeben Welten zu haben   jene unfreundlichen Worte zurück Sie hatte geäußert keine

syllable of reproach – and that cut him.
Silbe   des   Vorwurfs   und   das schmerzte ihn

to cut = schneiden

Not one suggestion that he look at his own record – and she could
Nicht eine Andeutung dass er schaue auf seine eigene Akte   und sie könnte

have made, oh, so many, and such blistering ones!   Her
haben gemacht oh so viele   und solch   ätzende   [...] [Andeutungen] Ihr

generous silence brought a swift revenge, for it turned his thoughts
großzügiges Schweigen brachte eine schnelle Rache   denn es lenkte seine Gedanken

upon himself, it summoned before him a spectral procession, a
auf ihn selbst es beschwor herauf vor   ihm eine geisterhafte Prozession eine

moving vision of his   life as he had been leading it   these past
bewegte Vision von seinem Leben wie er hatte gewesen führend es [in] diesen letzten

few years of limitless prosperity, and as he sat there reviewing it his
paar Jahren von grenzenlosem Wohlstand   und wie er saß da   bewertend es seine

cheeks burned and his soul was steeped in humiliation.
Wangen brannten und seine Seele war durchdrungen von Beschämung

Look at her life – how fair   it was, and tending ever upward; and
Schaue auf ihr Leben wie anständig es war und   strebend immer aufwärts und

look at his own – how, how charged with mean   vanities, how
schaue auf sein eigenes   wie wie   angefüllt mit erbärmlichen Eitelkeiten wie

selfish, how empty, how ignoble! And its   trend – never upward, but
egoistisch wie   leer   wie unwürdig Und seine Entwicklung niemals aufwärts sondern

downward, ever downward!
abwärts   immer   abwärts

He instituted comparisons between her record and his own. He had
Er   begann   Vergleiche   zwischen ihrer Akte und seiner eigenen Er hatte

to institute = einleiten, einrichten, eröffnen, in Gang setzen

found fault with her – so he mused – HE! And what could he say for
gefunden Fehler an ihr so er grübelte   er   Und   was konnte er sagen für

himself? When she built her first church what was he doing?
sich selbst   Als   sie baute ihre erste Kirche   was war er tuend

Gathering other blasé multimillionaires into a Poker Club; defiling
Versammelnd andere gelangweilte   Multimillionäre   in einem Pokerclub besudelnd

his   own palace with it; losing hundreds of thousands to it at every
seinen eigenen Palast damit verlierend   Hunderttausende   daran bei jeder

sitting, and   sillily vain of the admired notoriety it made for
Sitzung und törichterweise eitel wegen des bewunderten Berüchtigtseins es brachte ein für

him. When she was building her first university, what was he doing?
ihn Als sie war bauend ihre erste Universität was war er tuend

Polluting himself with a gay and dissipated secret life in the
Beschmutzend sich selbst mit einem vergnügten und zügellosen Geheimleben in der

company of other gamblers, multimillionaires in money and paupers
Gesellschaft von anderen Spielern Multimillionären von Vermögen und Bettlern

in character.
von Charakter

When she was building her first foundling asylum, what was he doing?
Als sie war bauend ihr erstes Findelkindheim was war er tuend

Alas! When she was projecting her noble Society for the Purifying of
Ach! Als sie war planend ihre edle Gesellschaft für die Läuterung von

the Sex, what was he doing? Ah, what, indeed! When she and the
dem Geschlecht was war er tuend Ach was schon Als sie und die

indeed = in der Tat, allerdings, gewiss / hat verstärkende Wirkung: Yes, indeed! = Aber ja!

W.C.T.U., moving with resistless march, were sweeping
[Abstinenzbewegung] sich bewegend mit unwiderstehlichem Marsch waren fegend

the fatal bottle from the land, what was he doing? Getting
die verhängnisvolle Flasche aus dem Land was war er tuend Werdend

drunk three times a day.
betrunken [er betrank sich] drei Male am Tag

When she, builder of a hundred cathedrals, was being gratefully
Als sie Erbauerin von einhundert Kathedralen war werdend dankbar

welcomed and blest in papal Rome and decorated with the
willkommen geheißen und gesegnet im päpstlichen Rom und ausgezeichnet mit der

Golden Rose which she had so honorably earned, what was he doing?
Goldenen Rose welche sie hatte so ehrenhaft verdient was war er tuend

Goldene Rose = päpstliche Auszeichung, auch Papstrose oder Tugendrose genannt

Breaking the bank at Monte Carlo.
Sprengend die Bank [beim Roulette] in Monte Carlo

He stopped. He could go no farther; he could not bear the rest. He
Er hörte auf Er konnte gehen nicht weiter er konnte nicht ertragen den Rest Er

rose up, with a great resolution upon his lips: this secret life
erhob sich mit einer großen Erklärung auf seinen Lippen dieses geheime Leben

should be revealed, and confessed; no longer would he live it
sollte werden offenbart und gebeichtet nicht länger würde er leben es

clandestinely, he would go and tell her All. And that is what he did.
heimlich er würde gehen und erzählen ihr alles Und das ist was er tat

He told her All; and wept upon her bosom; wept, and moaned, and
Er erzählte ihr alles und weinte auf [an] ihrem Busen weinte und stöhnte und

begged for her forgiveness. It was a profound shock, and she
bettelte um ihre Vergebung Es war ein tiefer Schock und sie

staggered under the blow, but he was her own, the core of her heart,
taumelte unter dem Schlag aber er war ihr Eigen der Kern von ihrem Herzen

the blessing of her eyes, her all in all, she could deny him nothing,
die Segnung von ihren Augen ihr Ein und Alles sie konnte abschlagen ihm nichts

and she forgave him.
und sie vergab ihm

She felt that he could never again be quite to her what he had been
Sie fühlte dass er konnte niemals wieder sein ganz zu ihr was er hatte gewesen

before; she knew that he could only repent, and not reform;
vorher sie wusste dass er konnte nur bereuen und nicht sich bessern

yet all morally defaced and decayed as he was, was he not her own,
doch gänzlich moralisch entstellt und verdorben wie er war war er nicht ihr Eigen

her very own, the idol of her deathless worship? She said she was his
ihr absolut Eigen das Idol von ihrer unsterblichen Anbetung Sie sagte sie war seine

serf, his slave, and she opened her yearning heart and
Leibeigene seine Sklavin und sie öffnete ihr schmachtendes Herz und

took him in.
nahm ihn auf

CHAPTER VII
Kapitel VII

One Sunday afternoon some time after this they were sailing the
Eines Sonntagnachmittags einige Zeit danach sie waren besegelnd die

summer seas in their dream yacht, and reclining in lazy luxury
Sommergewässer in ihrem Traumsegelboot und sich zurücklehnend in trägem Luxus

under the awning of the after-deck. There was silence, for each was
unter dem Segel von dem Achterdeck Da war Stille denn jeder war

busy with his own thoughts.
beschäftigt mit seinen eigenen Gedanken

These seasons of silence had insensibly been growing more and more
Diese Weilchen der Stille hatten unmerklich gewesen wachsend mehr und mehr

frequent of late; the old nearness and cordiality were waning. Sally's
häufig in letzter Zeit die alte Nähe und Herzlichkeit waren schwindend Sallys

terrible revelation had done its work; Aleck had tried hard to drive
furchtbare Offenbarung hatte getan ihre Arbeit Aleck hatte versucht mühevoll zu vertreiben

the memory of it out of her mind, but it would not go,
die Erinnerung davon [daran] heraus aus ihrem Gedächtnis aber sie wollte nicht verschwinden

and the shame and bitterness of it   were poisoning her gracious
und die Scham und Bitterkeit davon [darüber] waren vergiftend ihr gütiges

dream life. She could see now (on Sundays) that her husband was
Traumleben Sie konnte sehen nun an Sonntagen dass ihr Ehemann war

becoming a   bloated and repulsive Thing.
werdend ein aufgeblasenes und abstoßendes Ding

She could not close her eyes to this,   and in these days she no
Sie konnte nicht verschließen ihre Augen vor diesem [davor] und in diesen Tagen sie nicht

longer looked at him, Sundays, when she could help it. But she –
länger schaute zu ihm [an] Sonntage[n] wenn sie konnte vermeiden es Aber sie

was she herself without blemish? Alas, she knew she was   not. She
war sie selbst ohne Makel Ach sie wusste sie war [es] nicht Sie

was keeping a secret from him, she was acting dishonorably toward
war bewahrend ein Geheimnis vor ihm sie war handelnd unehrenhaft gegenüber

him, and many a   pang   it was costing her.
ihm und manch einen Gewissensbiss es war kostend sie

SHE WAS BREAKING THE COMPACT, AND CONCEALING IT
Sie war brechend den Pakt und verheimlichend es

FROM HIM. Under strong temptation she had gone into business
vor ihm Unter starker Versuchung sie hatte gegangen ins Geschäft

again; she had risked their whole fortune in a purchase of all the
erneut sie hatte riskiert ihr gesamtes Vermögen in einem Kauf von all den

railway systems and coal and steel companies in the country
Eisenbahnnetzen und Kohle- und Stahlunternehmen in dem Land

on a margin,   and she was now trembling, every Sabbath hour,
mit geliehenen Sicherheiten und sie war nun zitternd jede Sabbatstunde

lest through some chance word of hers   he find it out.
dass nicht durch irgendein zufälliges Wort von ihren [Worten] er finde es heraus

In her misery and   remorse for this treachery she could not
In ihrem Elend und [ihrer] Reue wegen diesem Verrat sie konnte nicht

keep her heart from going out to him in pity; she was filled with
zurückhalten ihr Herz von gehend hinaus zu ihm in Mitleid sie war erfüllt mit

compunctions to see him lying there, drunk and contented, and never
Gewissensbissen zu sehen ihn liegend dort trunken und zufrieden und niemals

suspecting. Never suspecting – trusting her with a perfect and
verdächtigend Niemals verdächtigend vertrauend ihr mit einem absoluten und

pathetic trust, and she holding over him by a thread a possible
rührenden Vertrauen und sie haltend über ihm an einem Faden ein mögliches

calamity of so devastating a – "SAY – Aleck?" The interrupting
Unheil von so verheerend einem Sag Aleck Die unterbrechenden

words brought her suddenly to herself.
Worte brachten sie abrupt zu sich

She was grateful to have that persecuting subject from her thoughts,
Sie war dankbar zu haben jenes verfolgende Thema aus ihren Gedanken

and she answered, with much of the old-time tenderness in her tone:
und sie antwortete mit viel von der alten Zärtlichkeit in ihrem Ton
old-time = aus alter Zeit

"Yes, dear." "Do you know, Aleck, I think we are making a
Ja Liebling Tust du wissen Aleck ich denke wir sind machend einen

mistake – that is, you are. I mean about the marriage
Fehler das ist [heißt] du bist [machend] Ich meine wegen der Heirats-

business." He sat up, fat and froggy and benevolent, like a
angelegenheit Er setzte sich auf fett und froschartig und wohlwollend wie ein

bronze Buddha, and grew earnest.
bronzener Buddha und wurde ernst

"Consider – it's more than five years. You've continued the same
Denk nach es ist [sind] mehr als fünf Jahre Du hast fortgesetzt die gleiche

policy from the start: with every rise, always holding on for five
Strategie von dem Beginn [an] mit jeder Steigerung immer wartend auf fünf

points higher. Always when I think we are going to have some
Punkte höher Immer wenn ich denke wir sind werdend zu haben einige

weddings, you see a bigger thing ahead, and I undergo another
Hochzeiten du siehst eine größere Sache voraus und ich erlebe eine weitere

disappointment.
Enttäuschung

I think you are too hard to please. Some day we'll get left.
Ich denke du bist zu schwer zufriedenzustellen Eines Tages wir werden zurückbleiben

First, we turned down the dentist and the lawyer. That was all right –
Zuerst wir wiesen ab den Zahnarzt und den Anwalt Das war in Ordnung

it was sound. Next, we turned down the banker's son and the
es war vernünftig Als Nächstes wir wiesen ab des Bankiers Sohn und des

pork-butcher's heir – right again, and sound. Next, we turned
Schweineschlachters Erben richtig wieder und vernünftig Als Nächstes wir wiesen ab

down the Congressman's son and the Governor's – perfectly right, I
des Abgeordneten Sohn und des Gouverneurs absolut richtig ich

confess it. Next the Senator's son and the son of the
gestehe es Als Nächstes des Senators Sohn und den Sohn von dem

Vice-President of the United States – well, there's no permanency
Vizepräsident von den Vereinigten Staaten nun da ist keine Dauerhaftigkeit

about those little distinctions. Then you went for the aristocracy;
an diesen kleinen Unterscheidungen Dann du strebtest nach dem Adel

and I thought we had struck oil at last – yes.
und ich dachte wir hätten gestoßen [auf] Öl endlich ja

We would pull in some ancient lineage, venerable, holy,
Wir würden einfahren irgendeine uralte Abstammungslinie ehrwürdig heilig

ineffable, mellow with the antiquity of a hundred and fifty years,
unaussprechlich reif mit dem Alter von einhundertfünfzig Jahren

antiquity = Antike / ancestral = die Ahnen betreffend

disinfected of the ancestral odors of salt-cod and pelts all of a
entseucht von den Urgerüchen nach Salzdorsch und Fellen alle von einem

century ago, and unsmirched by a day's work since, and then!
Jahrhundert vorher und unbesudelt durch eines Tages Arbeit seitdem und dann

why, then the marriages, of course.
nun dann die Ehen natürlich

But no, along comes a pair of real aristocrats from Europe, and
Aber nein daher kommt ein Paar von echten Aristokraten aus Europa und

straightway you throw over the half-breeds. It was awfully
sofort du stößt um die Halbblüter Es war furchtbar

discouraging, Aleck! Since then, what a procession! You turned
entmutigend Aleck Seit damals was [für] eine Prozession Du wiesest

down the baronets for a pair of barons; you turned down the barons
ab die Baronets für ein Paar von Baronen du wiesest ab die Barone

for a pair of viscounts; the viscounts for a pair of earls; the earls for a
für ein Paar von Vicomtes die Vicomtes für ein Paar von Grafen die Grafen für ein

pair of marquises; the marquises for a brace of dukes.
Paar von Marquisen die Marquisen für ein Paar von Herzogen

NOW, Aleck, cash in! – you've played the limit. You've got a
Also Aleck löse ein du hast gespielt das Limit Du hast einen

job lot of four dukes under the hammer; of four nationalities; all
Restposten von vier Herzogen unter dem Hammer von vier Nationalitäten alle

of excellent pedigree, all bankrupt and in debt up to the ears.
von ausgezeichnetem Stammbaum alle bankrott und in Schulden hoch zu den Ohren

They come high, but we can afford it. Come, Aleck, don't
Sie kommen hoch aber wir können uns leisten es Komm Aleck tue nicht

come high = kosten viel any = irgendeiner, einer, jeder

delay any longer, don't keep up the suspense: take the
hinausschieben [es] noch länger tue nicht aufrechterhalten die Spannung nimm den

whole lay-out, and leave the girls to choose!" Aleck had been
ganzen Lageplan und lasse die Mädchen (zu) wählen Aleck hatte gewesen

smiling blandly and contentedly all through this arraignment of her
lächelnd sanft und zufrieden ganz hindurch diese Anklageerhebung von ihrer

marriage policy, a pleasant   light, as of triumph with perhaps a
Ehestrategie   ein liebenswürdiges Leuchten wie von Triumph   mit vielleicht einer

nice   surprise peeping out through it,   rose in her eyes, and she said,
netten Überraschung lugend hinaus hindurch (es) stieg auf in ihren Augen und sie sagte

as calmly as she could: "Sally, what would you say to – ROYALTY?"
so   ruhig wie sie konnte   Sally   was würdest du sagen zu königlichen Personen

Prodigious! Poor man, it knocked him silly,   and he fell over the
Ungeheuer   Armer Mann es   schlug   ihn dumm [schwer] und er fiel über den

garboard-strake and   barked   his   shin. He was dizzy
Kielgang   und abschürfte sich sein Schienbein Er war benommen

for a moment, then he gathered himself up and limped over and
für einen Moment   dann er   raffte   sich   auf und   hinkte hinüber und

sat   down by his wife and beamed his old-time admiration and
setzte sich nieder bei seiner Frau und strahlte seine   alte   Bewunderung und

affection upon her in floods, out of his   bleary eyes.
Zuneigung über sie in Fluten heraus aus seinen triefenden Augen

" Aleck, " he said, fervently, " you ARE great – the greatest woman
Aleck   er sagte glühend   du bist großartig die großartigste Frau

in   the whole earth! I can't ever learn   the whole size of
in [auf] der ganzen Erde Ich kann nicht jemals lernen [erfassen] die ganze Größe von

you. I can't ever learn the immeasurable deeps of you. Here I've
dir Ich kann nicht jemals lernen die unermesslichen Tiefen von dir Hier ich habe

been considering myself qualified to criticize your game.
gewesen betrachtend   mich   qualifiziert zu kritisieren dein Spiel

I! Why, if I had stopped to think,   I'd   have known you had a
Ich Nun wenn ich hätte innegehalten nachzudenken ich würde haben gewusst du hattest eine

lone hand up   your sleeve. Now, dear heart, I'm all red-hot
einsame Hand oben [in] deinem Ärmel Nun liebes Herz ich bin ganz rotglühende

| lone hand = ohne Partner ausgeführter Spielzug / play a lone hand = im Alleingang handeln |

impatience – tell me about it!" The flattered and happy woman put
Ungeduld   erzähle mir darüber   Die geschmeichelte und glückliche Frau führte

her lips to his ear and whispered a princely name. It made him
ihre Lippen an sein Ohr und flüsterte einen fürstlichen Namen Es machte ihn

catch   his breath, it   lit   his face with exultation.
schnappen seinen Atem es erleuchtete sein Gesicht mit   Jubel

"My goodness!" he said, "it's a stunning catch! He's got a
Meine   Güte   er sagte es ist ein überwältigender Fang Er hat eine

48

gambling- hall, and a graveyard, and a bishop, and a cathedral –
Spielhalle und einen Friedhof und einen Bischof und eine Kathedrale

all his very own. **And all gilt-edged five-hundred-per-cent.**
alles seine ganz eigenen [Besitztümer] Und alles mündelsicher fünfhundert Prozent

First-class, every detail of it; the tidiest little property in Europe; and
Erstklassig jedes Detail davon der ordentlichste kleine Besitz in Europa und

that graveyard – it's the selectest in the world: none but suicides
jener Friedhof es ist der erlesenste in [auf] der Welt nichts außer Selbstmorden

admitted; YES, sir. There isn't much land in the principality, but
zugelassen ja Sir Da ist nicht viel Land in dem Fürstentum aber

there's enough: eight hundred acres in the graveyard and
da ist genug achthundert Morgen in [auf] dem Friedhof und

forty-two outside.
zweiundvierzig außerhalb

It's a SOVEREIGNTY – that's the main thing; LAND'S
Es ist ein Hoheitsgebiet das ist die entscheidende Sache Land ist

nothing. There's plenty land, Sahara's drugged with it." Aleck
nichts Da ist reichlich Land [die] Sahara ist betäubt damit Aleck

glowed; she was profoundly happy. She said: "Think of it, Sally – it
glühte sie war zutiefst glücklich Sie sagte Denk daran Sally es

is a family that has never married outside the Royal and Imperial
ist eine Familie die hat niemals geheiratet außerhalb der königlichen und kaiserlichen

Houses of Europe: our grandchildren will sit upon thrones!"
Häuser von Europa unsere Enkelkinder werden sitzen auf Thronen

"True as you live, Aleck – and bear scepters, too; and handle
Wahr wie du lebst Aleck und halten Zepter auch und handhaben

them as naturally and nonchantly as I handle a yardstick. It's a
sie ebenso natürlich und lässig wie ich handhabe einen Maßstab Es ist ein

grand catch, Aleck. He's corralled, is he? Can't get away? You
großer Fang Aleck Er ist festgesetzt ist er Kann nicht kommen fort Du

didn't take him on a margin?" "No. Trust me for that. He's
tatest nicht nehmen ihn mit geliehenen Sicherheiten Nein Vertraue mir dafür [dabei] Er ist

not a liability, he's an asset. So is the other one." "Who is it,
nicht eine Verbindlichkeit er ist ein Aktivposten So ist der andere (eine) Wer ist es

Aleck?" "His Royal Highness Sigismund-Siegfried-Lauenfeld-
Aleck Seine Königliche Hoheit [Name]

Dinkelspiel-Schwartzenberg Blutwurst, Hereditary Grant Duke of
Erbgroßherzog von

Katzenyammer." "No! You can't mean it!" "It's as true as I'm
[Name] Nein Du kannst nicht meinen es Es ist so wahr wie ich bin

49

sitting here, I give you my word," she answered. His cup was full,
sitzend hier ich gebe dir mein Wort sie antwortete Sein Becher war voll

and he hugged her to his heart with rapture, saying: "How wonderful
und er drückte sie an sein Herz mit Begeisterung sagend Wie wunderbar

it all seems, and how beautiful!
es alles scheint und wie wunderschön

It's one of the oldest and noblest of the three hundred and sixty-four
Es ist eines von den ältesten und nobelsten von den dreihundervierundsechzig

ancient German principalities, and one of the few that was allowed
alten deutschen Fürstentümern und eines von den wenigen dem wurde gestattet

to retain its royal estate when Bismarck got done trimming
zu bewahren sein königliches Besitztum als Bismarck bekam [wurde] fertig beschneidend

them. I know that farm, I've been there.
sie Ich kenne jene Farm ich habe gewesen dort

It's got a rope-walk and a candle-factory and an army. Standing army.
Sie hat eine Reiferbahn und eine Kerzenfabrik und eine Armee Untätige Armee

Infantry and cavalry. Three soldiers and a horse. Aleck, it's been a
Infanterie und Kavallerie Drei Soldaten und ein Pferd Aleck es hat gewesen ein

long wait, and full of heartbreak and hope deferred, but God
langes Warten und voll mit Herzschmerz und Hoffnung hinausgeschoben aber Gott

knows I am happy now. Happy, and grateful to you, my own, who
weiß ich bin glücklich nun Glücklich und dankbar (zu) dir mein Eigen die

has done it all. When is it to be?"
hat vollbracht es alles Wann ist es zu sein

"Next Sunday." "Good. And we'll want to do these weddings
Nächsten Sonntag Gut Und wir werden wollen zu putzen 1... diese Hochzeiten

up in the very regalest style that's going. It's properly due
heraus...1 in der absolut königlichsten Art die ist gehend Es ist angemessen gebührend

to the royal quality of the parties. Now as I understand it, there
(zu) der königlichen Eigenschaft von den Feiern Nun wie ich verstehe es da

is only one kind of marriage that is sacred to royalty, exclusive to
ist nur eine Art von Ehe die ist heilig für Königliche exklusiv für

royalty: it's the morganatic." "What do they call it that for,
Königliche es ist die morganatische Weswegen 1... tun sie nennen es das [so] ...1

Morganatische Ehe = Ehe, bei der die Partner einander vom Stand nicht gleichrangig sind

Sally?" "I don't know; but anyway it's royal, and royal
Sally Ich tue nicht wissen aber wie auch immer es ist königlich und königlich

only." "Then we will insist upon it. More – I will compel it. It is
ausschließlich Dann wir werden bestehen darauf Mehr ich werde erzwingen es Es ist

morganatic marriage or none." "That settles it!" said Sally, rubbing
morganatische Ehe oder keine Das klärt es sagte Sally reibend

50

his hands with delight. "And it will be the very first in America. Aleck,
seine Hände mit Entzücken Und es wird sein die absolut erste in Amerika Aleck

it will make Newport sick." Then they fell silent, and drifted
es wird machen Newport krank [vor Neid] Dann sie fielen [wurden] still und trieben

away upon their dream wings to the far regions of the earth to
fort auf ihren Traumschwingen zu den weit entfernten Regionen von der Erde zu

invite all the crowned heads and their families and provide
laden ein all die gekrönten Häupter und ihre Familien und zur Verfügung [zu] stellen

gratis transportation to them.
kostenlose Beförderung (zu) ihnen

CHAPTER VIII
Kapitel VIII

During three days the couple walked upon air, with their heads in the
Während drei Tagen das Paar schritt auf Luft mit ihren Köpfen in den

clouds. They were but vaguely conscious of their surroundings;
Wolken Sie waren nur undeutlich sich bewusst über ihre Umgebung [engl. Plural!]

they saw all things dimly, as through a veil; they were steeped in
sie sahen alle Dinge verdunkelt wie durch einen Schleier sie waren versunken in

dreams, often they did not hear when they were spoken to;
Träumen oft sie taten nicht hören wenn sie wurden angeredet

they often did not understand when they heard; they answered
sie oft taten nicht verstehen wenn sie hörten sie antworteten

confusedly or at random; Sally sold molasses by weight, sugar by
verwirrt oder aufs Geratewohl Sally verkaufte Zuckersirup nach Gewicht Zucker nach

the yard, and furnished soap when asked for candles, and Aleck
dem [Längenmaß] und legte vor Seife wenn gefragt nach Kerzen und Aleck

put the cat in the wash and fed milk to the soiled linen.
steckte die Katze in die Wäsche und verfütterte Milch an das verschmutzte Leinen

Everybody was stunned and amazed, and went about muttering,
Jeder war verblüfft und erstaunt und begann murmelnd

to go about something = sich daran machen, etwas zu tun; etwas angehen

"What CAN be the matter with the Fosters?" Three days. Then came
Was kann sein die Sache mit den Fosters Drei Tage Dann kamen

events! Things had taken a happy turn, and for forty-eight
Ereignisse Dinge hatten genommen eine glückliche Wendung und für achtundvierzig

hours Aleck's imaginary speculation had been booming. Up – up –
Stunden Alecks imaginäre Spekulation hatte gewesen boomend Aufwärts aufwärts

still up! Cost point was passed. Still up – and up – and
immer noch aufwärts Kostenpunkt war überschritten Immer noch aufwärts und aufwärts und

up! Cost point was passed.
aufwärts Kostenpunkt war überschritten

Still up – and up – and up! Five points above cost –
Immer noch aufwärts und aufwärts und aufwärts Fünf Punkte über Kosten [engl. Singular!]

then ten – fifteen – twenty! Twenty points cold profit on the
dann zehn fünfzehn zwanzig [Ganze] Zwanzig Punkte kalter Gewinn auf die

vast venture, now, and Aleck's imaginary brokers were shouting
gewaltige Spekulation nun und Alecks imaginäre Börsenhändler waren rufend

frantically by imaginary long-distance, "Sell! sell! for Heaven's sake
hektisch via imaginärer Fernkommunikation Verkaufe verkaufe um Himmels willen

SELL!"
verkaufe

She broke the splendid news to Sally, and he, too, said, "Sell!
Sie überbrachte die großartigen Nachrichten an Sally und er ebenfalls sagte Verkaufe

sell – oh, don't make a blunder, now, you own the earth! – sell,
verkaufe oh tue nicht machen einen Patzer nun du besitzt die Welt verkaufe

sell!" But she set her iron will and steered her course, and said
verkaufe Aber sie setzte fest ihren eisernen Willen und hielt ihren Kurs und sagte

she would hold on for five points more if she died for it.
sie würde warten auf fünf Punkte mehr [und] wenn sie stürbe dafür

It was a fatal resolve. The very next day came the
Es war ein fataler Entschluss Den genau [gleich am] nächsten Tag kam der

historic crash, the record crash, the devastating crash of Wall
historische Zusammenbruch der Rekordcrash der vernichtende Crash der Wall

Street, when the whole body of gilt-edged stocks dropped ninety-five
Street als die ganze Masse von mündelsicheren Aktien fiel fünfundneunzig

points in five hours, and the multimillionaire was seen begging his
Punkte in fünf Stunden und der Multimillionär wurde gesehen erbettelnd sein

bread
Brot

Aleck sternly held her grip and "put up" as long as she could, but
Aleck strikt hielt ihren Griff und stand es aus so lange wie sie konnte aber

at last her imaginary brokers sold her out. Then, and not till then,
schließlich ihre imaginären Börsenhändler verkauften sie aus Dann und nicht bis dann

the man in her was vanished, and the woman in her resumed sway.
der Mann in ihr war verschwunden und die Frau in ihr gewann wieder Macht

She put her arms about her husband's neck and wept, saying: "I am
Sie legte ihre Arme um ihres Ehemannes Hals und weinte sagend Ich bin

to blame, do not forgive me, I cannot bear it. We are paupers!
zu beschuldigen tue nicht vergeben mir ich kann nicht tragen es Wir sind arme Leute

Paupers, and I am so miserable. The weddings will never
Arme Leute und ich bin so elend Die Hochzeiten werden niemals

come off; all that is past; we could not even buy the dentist,
kommen zustande all das ist Vergangenheit wir könnten nicht einmal kaufen den Zahnarzt

now."
jetzt

A bitter reproach was on Sally's tongue: "I BEGGED you to sell,
Ein bitterer Vorwurf war auf Sallys Zunge Ich bettelte an dich zu verkaufen

but you – " He did not say it; he had not the heart to add a
aber du Er tat nicht sagen es er hatte nicht das Herz hinzuzufügen einen

hurt to that broken and repentant spirit. A nobler thought came to
Schmerz zu dem gebrochenen und reumütigen Geist Ein noblerer Gedanke kam zu

him and he said: "Bear up, my Aleck, all is not lost! You really never
ihm und er sagte Halte durch meine Aleck alles ist nicht verloren Du wirklich niemals

invested a penny of my uncle's bequest, but only its
setztest ein einen Penny von meines Onkels Vermächtnis sondern nur seine

unmaterialized future; what we have lost was only the incremented
nicht verwirklichte Zukunft was wir haben verloren war nur die erweiterte

harvest from that future by your incomparable financial judgment
Ernte von jener Zukunft durch dein unvergleichliches finanzielles Urteilsvermögen

and sagacity.
und Klugheit

Cheer up, banish these griefs; we still have the thirty thousand
Muntere dich auf verbanne diese Kümmernisse wir immer noch haben die dreißigtausend
Cheer up! = Kopf hoch!

untouched; and with the experience which you have acquired, think
unberührt und mit der Erfahrung welche du hast erworben denke

what you will be able to do with it in a couple years! The marriages
was du wirst sein fähig zu tun damit in ein paar Jahren Die Ehen

are not off, they are only postponed."
sind nicht abgeblasen sie sind nur verschoben

These are blessed words. Aleck saw how true they were, and their
Dies sind gesegnete Worte Aleck sah wie wahr sie waren und ihr

influence was electric; her tears ceased to flow, and her great
Einfluss war elektrisierend ihre Tränen hörten auf zu fließen und ihre großartige

spirit rose to its full stature again. With flashing eye and
Einstellung erhob sich zu ihrem vollen Format wieder Mit aufleuchtendem Auge und

grateful heart, and with hand uplifted in pledge and prophecy, she
dankbarem Herzen und mit Hand erhoben in Gelöbnis und Prophezeiung sie

said: "Now and here I proclaim – " But she was interrupted by a
sagte   Jetzt und hier ich erkläre   Aber sie wurde unterbrochen von einem

visitor. It was the editor and proprietor of the SAGAMORE.
Besucher Es war der Herausgeber und   Eigentümer von dem [Zeitungsname]

He had come   to Lakeside to pay   a duty-call upon an
Er hatte gekommen nach Lakeside [um] abzustatten einen Pflichtbesuch an eine

obscure grandmother of his who was nearing the end of her
entfernte   Großmutter   von seinen die   war sich nähernd dem Ende von ihrer

pilgrimage, and with the idea of combining business with grief he had
Pilgerfahrt   und   mit der Idee von kombinierend   Geschäft   mit Trauer er hatte

looked up the Fosters, who had   been so absorbed in other things
aufgesucht   die   Fosters   die hatten gewesen so   versunken in anderen Dingen
to look up somebody = bei jemandem hereinschauen (umgangssprachlich)

for   the   past four years that they neglected to pay up their
während der vergangenen vier Jahre dass sie vernachlässigten abzubezahlen ihr

subscription.
Abonnement

Six dollars due. No visitor could have been more welcome. He would
Sechs Dollar fällig Kein Besucher könnte haben gewesen   willkommener   Er   würde

know all about Uncle Tilbury and what his chances might be getting
wissen alles über   Onkel Tilbury und was seine Chancen mochten sein erreichend

to be, cemeterywards. They could, of course, ask   no
zu sein in Richtung Friedhof Sie konnten   natürlich fragen [stellen] keine

questions, for that would squelch the bequest, but they could nibble
 Fragen   denn das   würde zerstampfen das Vermächtnis aber sie konnten knabbern

around on the edge of the subject and hope for results.
umher an der Ecke von dem Thema   und hoffen auf Ergebnisse

The scheme did not   work. The obtuse editor did not know he was
Der   Plan   tat nicht funktionieren Der einfältige Herausgeber tat nicht wissen er war

being nibbled at; but at last, chance accomplished what art had
werdend geknabbert an aber schließlich Zufall   erreichte   worin Kunst hatte

failed in. In illustration of something under discussion which required
versagt in In Verdeutlichung von   etwas   in   Diskussion welches erforderte

the help of metaphor, the editor said: "My goodness, it's as
die Hilfe von [der] Metapher der Herausgeber sagte Meine Güte es ist so

tough as Tilbury Foster! – as WE say." It was sudden, and it made
zäh wie Tilbury Foster wie wir sagen Es war unvermittelt und es machte

the Fosters   jump.   The editor noticed, and said, apologetically:
die Fosters zusammenzucken Der Herausgeber nickte und sagte entschuldigend

"No harm intended, I assure you. It's just a saying; just a joke, you
Nichts Böses beabsichtigt ich versichere Ihnen Es ist nur eine Redensart nur ein Witz sie

54

know – nothing of it. Relation of yours?"   Sally mastered his
wissen   nichts   davon   Verwandter von   ihren [Verwandten] Sally   bezwang   seinen
[nothing of it = nicht weiter wichtig]

burning eagerness, and answered with all the indifference he could
brennenden   Eifer   und   antwortete   mit   all der   Gleichgültigkeit   er   konnte

assume: "I – well, not that I know of, but we've heard of him."
vortäuschen   Ich   nun   nicht dass ich wüsste von   aber   wir haben   gehört von   ihm

The editor was thankful, and resumed his composure. Sally
Der Herausgeber   war   dankbar   und   gewann wieder   seine   Fassung   Sally

added: "Is he – is he – well?" "Is he WELL? Why, bless you he's
fügte hinzu   Ist er   ist er   wohlauf   Ist er   wohlauf   Nun   [Gott] segne   sie   er ist

in Sheol these five years!" The Fosters were trembling with grief,
im Totenreich   diese   fünf   Jahre   Die   Fosters   waren   zitternd   vor   Trauer
[Scheol = hebräisches Wort, Bezeichnung für das Reich der Toten]

though it felt like joy. Sally said, non-committally – and
obwohl   es   fühlte sich an   wie Freude   Sally   sagte   unverbindlich   und

tentatively: "Ah, well, such is life, and none can escape – not even
zaghaft   Ah   nun   so   ist [das] Leben   und   keiner   kann   flüchten   nicht einmal

the rich are spared."
die   Reichen   sind   ausgenommen

The editor laughed. "If you are including Tilbury," said he, "it
Der Herausgeber   lachte   Wenn   Sie   sind   einbeziehend   Tilbury   sagte   er   es

doesn't apply. HE hadn't a cent; the town had to bury him." The
tut nicht   zutreffen   Er   hatte nicht   einen Cent   die   Stadt   musste   beerdigen   ihn   Die

Fosters sat petrified for two minutes; petrified and cold. Then, white-
Fosters   saßen   versteinert   für zwei   Minuten   versteinert   und   kalt   Dann   weiß-

faced and weak-voiced, Sally asked: "Is it true? Do you KNOW it to
gesichtig   und   dünnstimmig   Sally   fragte   Ist es wahr   Tun   sie   wissen   es zu

be true?"
sein wahr

"Well, I should say! I was one of the executors. He hadn't
Also ich   würde sagen   Ich war   einer von den   Testamentvollstreckern   Er   hatte nicht

anything to leave but a wheelbarrow, and he left that to me. It
irgendetwas   zu hinterlassen   außer einer   Schubkarre   und   er hinterließ   das   (zu) mir   Sie

hadn't any wheel, and wasn't any good. Still, it was
hatte kein   Rad   und   war nicht   gut [brauchbar]   Trotzdem   es   war
[not any = kein]

something, and so, to square up, I scribbled off a sort of a little
etwas   und so   zu   rechnen   ab ich   kritzelte   fort   eine Art von   einer kleinen

obituarial send-off for him, but it got crowded out."
Todesanzeige   Verabschiedung für   ihn   aber   es bekam [wurde]   verdrängt

The Fosters were not listening – their cup was full, it could contain no
Die   Fosters   waren nicht   zuhörend   ihr   Becher   war   voll   er   konnte   fassen   nicht

more. They sat with bowed heads, dead to all things but the ache at
mehr   Sie saßen mit gebeugten Häuptern   tot   für alle Dinge außer dem Schmerz an

their hearts. An hour later. Still they sat there, bowed, motionless,
ihren Herzen Eine Stunde später Noch immer sie saßen da   gebeugt   bewegungslos

silent, the visitor long ago gone, they unaware.
still   der Besucher vor langer Zeit gegangen sie sich nicht bewusst

Then they stirred, and lifted their heads wearily, and gazed at
Dann sie rührten sich und hoben ihre Köpfe   müde   und blickten zu-

each other wistfully, dreamily, dazed; then presently began to
einander   wehmütig   verträumt benommen dann   gleich   begannen zu

twaddle to each other in a wandering and childish way. At intervals
reden Blödsinn zu einander in einer wirren   und kindischen Weise In Abständen

they lapsed into silences, leaving a sentence unfinished,
sie verfielen in Momente des Schweigens lassend einen Satz   unvollendet

seemingly either unaware of it or losing their way.
scheinbar entweder sich nicht bewusst darüber oder verlierend ihren Weg

Sometimes, when they woke out of these silences they had
Manchmal   wenn sie erwachten heraus aus diesen Schweigemomenten sie hatten

a dim and transient consciousness that something had happened
ein schwaches und kurzlebiges Bewusstsein   dass etwas hatte geschehen

to their minds; then with a dumb and yearning solicitude they
(zu) ihren Verständen dann mit einer stummen und sehnsüchtigen Besorgtheit sie

would softly caress each other's hands in mutual compassion and
würden sanft liebkosen voneinander [die] Hände in gegenseitigem Mitgefühl und

support, as if they would say: "I am near you, I will not forsake you,
Unterstützung als ob sie wollten sagen Ich bin nahe dir ich werde nicht verlassen dich

we will bear it together; somewhere there is release and
wir werden tragen es gemeinsam irgendwo   da ist Erlösung und

forgetfulness, somewhere there is a grave and peace; be patient, it will
Vergessen   irgendwo   da ist ein Grab und Frieden sei geduldig es wird

not be long."
nicht sein lang

They lived yet two years, in mental night, always brooding, steeped
Sie lebten noch zwei Jahre in geistiger Nacht immer grübelnd durchdrungen

in vague regrets and melancholy dreams, never speaking;
von vagem Bedauern [engl. Plural] und melancholischen Träumen niemals redend

then release came to both on the same day. Toward the end the
dann Erlösung kam zu beiden an demselben Tag Gegen (das) Ende die

darkness lifted from Sally's ruined mind for a moment, and he said:
Dunkelheit hob sich von Sallys ruiniertem Geist für einen Moment und er sagte

56

"Vast wealth, acquired by sudden and unwholesome means, is a
Enormer Reichtum erworben auf plötzliche und ungesunde Weise ist eine

snare. It did us no good, transient were its feverish pleasures; yet
Falle Es tat uns nichts Gutes vergänglich waren seine fiebrigen Freuden doch

for its sake we threw away our sweet and simple and happy life – let
um seinetwillen wir warfen fort unser süßes und einfaches und glückliches Leben lasse

others take warning by us."
Andere nehmen Warnung durch uns

He lay silent awhile, with closed eyes; then as the chill of death
Er lag still eine Weile mit geschlossenen Augen dann als die Kälte des Todes

crept upward toward his heart, and consciousness was fading
kroch aufwärts zu seinem Herzen und Bewusstsein war verlöschend

from his brain, he muttered: "Money had brought him misery, and
von seinem Gehirn er murmelte Geld hatte gebracht ihm Elend und

he took his revenge upon us, who had done him no harm.
er nahm seine Rache an uns die hatten getan ihm kein Leid

He had his desire: with base and cunning calculation he left
Er hatte seinen Willen mit niederträchtiger und gerissener Berechnung er hinterließ

us but thirty thousand, knowing we would try to increase it,
uns nur dreißigtausend wissend wir würden versuchen zu vermehren es

and ruin our life and break our hearts. Without added expense he
und ruinieren unser Leben und brechen unsere Herzen Ohne zusätzliche Kosten er

could have left us far above desire of increase, far above the
könnte haben gelassen uns weit über [dem] Wunsch zur Steigerung weit über der

temptation to speculate, and a kinder soul would have done it;
Versuchung zu spekulieren und eine gutherzigere Seele würde haben getan es

but in him was no generous spirit, no pity, no – "
aber in ihm war kein großzügoger Geist kein Erbarmen kein

*   *   *

EDWARD MILLS AND GEORGE BENTON: A TALE
Edward Mills und George Benton eine Erzählung

These two were distantly related to each other – seventh cousins, or
Diese beiden waren entfernt verwandt miteinander siebte Cousins oder

something of that sort. While still babies they became orphans, and
etwas von jener Art Während noch Babies sie wurden Waisen und

were adopted by the Brants, a childless couple, who quickly grew
wurden adoptiert von den Brants einem kinderlosen Paar das schnell wurde

very fond of them. The Brants were always saying: "Be pure, honest,
sehr zugetan ihnen Die Brants waren immer sagend Sei rein ehrlich

to be fond of somebody = jemanden mögen/ gern haben

sober, industrious, and considerate of others, and success in life
besonnen fleißig und rücksichtsvoll gegenüber anderen und Erfolg im Leben

is assured."
ist sicher

The children heard this repeated some thousands of times before they
Die Kinder hörten dies wiederholt einige Tausende von Malen bevor sie

understood it; they could repeat it themselves long before they could
verstanden es sie konnten wiederholen es selbst lange bevor sie konnten

say the Lord's Prayer; it was painted over the nursery door, and was
sagen des Herrn Gebet es war aufgemalt über der Kinderzimmertür und war

about the first thing they learned to read.
ungefähr die erste Sache [die] sie lernten zu lesen

It was destined to be the unswerving rule of Edward Mills's life.
Es war bestimmt zu werden die schnurgerade Regel von Edward Mills Leben

Sometimes the Brants changed the wording a little, and said:
Manchmal die Brants änderten die Wortwahl ein wenig und sagten

"Be pure, honest, sober, industrious, considerate, and you will
Sei rein ehrlich besonnen fleißig rücksichtsvoll und du wirst

never lack friends."
niemals Mangel haben an Freunden

Baby Mills was a comfort to everybody about him. When he
Baby Mills war ein Trost für jeden um ihn Wenn er

wanted candy and could not have it, he listened to reason and
wollte Süßes und konnte nicht haben es er hörte auf Vernunft und

reason = Grund, Anlass, Argument, Vernunft

contented himself without it. When Baby Benton wanted candy, he
gab sich zufrieden ohne es Wenn Baby Benton wollte Süßes er

cried for it until he got it. Baby Mills took care of his toys;
weinte darum bis er bekam es Baby Mills trug Sorge für seine Spielsachen

take care = auf etwas aufpassen

Baby Benton always destroyed his in a very brief time, and then
Baby Benton immer zerstörte seine in einer sehr kurzen Zeit und dann

made himself so insistently disagreeable that, in order to have peace in
machte sich selbst so penetrant unangenehm dass um zu haben Frieden in

the house, little Edward was persuaded to yield up his play-things
dem Haus [der] kleine Edward wurde überzeugt zu übergeben seine Spielsachen

to him.
an ihn

58

When the children were a little older, Georgie became a heavy
Als die Kinder waren ein bisschen älter Georgie wurde ein schwerer

expense in one respect: he took no care of his clothes; consequently,
Kostenfaktor in einer Hinsicht er trug keine Sorge für seine Kleidung infolgedessen

he shone frequently in new ones, which was not the case with Eddie.
er glänzte häufig in neuen [...] was war nicht der Fall mit Eddie

The boys grew apace. Eddie was an increasing comfort, Georgie an
Die Jungen wuchsen rasch Eddie war ein zunehmender Trost Georgie eine

increasing solicitude.
zunehmende Sorge

It was always sufficient to say, in answer to Eddie's petitions, "I
Es war immer ausreichend zu sagen als Antwort auf Eddies Bitten Ich

would rather you would not do it" – meaning swimming, skating,
möchte eher du würdest nicht tun es meinend Schwimmen Rollschuhlaufen

> Das Partizip (schwimmend) wird im Englischen oft zur Substantivierung verwendet: das Schwimmen

picnicking, and all sorts of things which boys delight in.
Picknicken und alle Arten von Dingen an 1... welchen Jungen Freude haben 1...

But NO answer was sufficient for Georgie; he had to be humored
Aber keine Antwort war ausreichend für Georgie er musste werden zufriedengestellt

in his desires, or he would carry them with a high hand.
in seinen Wünschen oder er würde durchziehen sie mit einer hohen Hand

> with a high hand = auf eigene Faust, selbstherrlich

Naturally, no boy got more swimming, skating, picnicking, and
Natürlich kein Junge kam zu mehr Schwimmen Rollschuhlaufen Picknicken und

so forth than he; nobody ever had a better time. The good Brants
so weiter als er niemand jemals hatte eine bessere Zeit Die guten Brants

did not allow the boys to play out after nine in summer evenings;
taten nicht erlauben den Jungen zu spielen draußen nach neun an Sommerabenden

they were sent to bed at that hour; Eddie honorably remained,
sie wurden geschickt zu Bett zu jener Stunde [Zeit] Eddie ehrenhaft blieb

but Georgie usually slipped out of the window toward ten, and
aber Georgie normalerweise schlüpfte hinaus aus dem Fenster gegen zehn und

enjoyed himself until midnight. It seemed impossible to break Georgie
vergnügte sich bis Mitternacht Es schien unmöglich abzubringen Georgie

of this bad habit, but the Brants managed it at last by
von dieser schlechten Angewohnheit aber die Brants brachten fertig es schließlich durch

hiring him, with apples and marbles, to stay in.
belohnend ihn mit Äpfeln und Murmeln zu bleiben drin

The good Brants gave all their time and attention to vain
Die guten Brants gaben all ihre Zeit und Aufmerksamkeit für vergebliche

endeavors to regulate Georgie; they said, with grateful tears in their
Bemühungen anzupassen Georgie sie sagten mit dankbaren Tränen in ihren

eyes, that Eddie needed no efforts of theirs, he was
Augen dass Eddie brauchte keine Bemühungen von ihren [Bemühungen] er war

so good, so considerate, and in all ways so perfect.
so gut so rücksichtsvoll und in jeder Weise [engl. Plural] so perfekt

By and by the boys were big enough to work, so they were
Nach einer Weile die Jungen waren groß genug zu arbeiten also sie wurden

apprenticed to a trade: Edward went voluntarily; George was
in die Lehre gegeben für ein Handwerk Edward ging freiwillig George wurde

coaxed and bribed. Edward worked hard and faithfully, and ceased to
überredet und bestochen Edward arbeitete hart und gewissenhaft und hörte auf zu

be an expense to the good Brants; they praised him, so did
sein ein Kostenfaktor für die guten Brants sie lobten ihn ebenso tat

his master; but George ran away, and it cost Mr. Brant both money
sein Lehrherr aber George rannte fort und es kostete Herrn Brant sowohl 1... Geld

and trouble to hunt him up and get him back.
als auch...1 Mühe zu spüren ihn auf und holen ihn zurück

By and by he ran away again – more money and more trouble. He
Nach einer Weile er rannte fort wieder mehr Geld und mehr Ärger Er

ran away a third time – and stole a few things to carry with him.
rannte fort ein drittes Mal und stahl ein paar Dinge zu nehmen mit sich

Trouble and expense for Mr. Brant once more; and,
Ärger und Ausgaben [englisch Singular] für Herrn Brant einmal mehr und

besides, it was with the greatest difficulty that he succeeded in
außerdem es war mit der größten Schwierigkeit dass er erfolgreich war in

persuading the master to let the youth go unprosecuted
überredend den Lehrherrn zu lassen den Jugendlichen davonkommen stafrechtlich unverfolgt

for the theft. Edward worked steadily along, and in time became
für den Diebstahl Edward arbeitete beständig weiter und mit der Zeit wurde

a full partner in his master's business.
ein vollwertiger Partner in seines Lehrherren Geschäft

George did not improve; he kept the loving hearts of his aged
George tat nicht sich verbessern er hielt die liebenden Herzen von seinen gealterten

benefactors full of trouble, and their hands full of inventive activities
Wohltätern voll mit Sorge und ihre Hände voll mit phantasievollen Aktivitäten

to protect him from ruin.
zu schützen ihn vor [dem] Ruin

Edward, as a boy, had interested himself in Sunday-schools,
Edward als (ein) Junge hatte interessiert sich für Sonntagsschulen

debating societies, anti-tobacco organizations, anti- profanity
Debattiergesellschaften Anti-Tabak-Organisationen Anti-Gotteslästerung-

60

associations, and all such things; as a man, he was a quiet
Vereinigungen und all solchen Dingen als ein Mann er war ein ruhiger

but steady and reliable helper in the church, the temperance
aber beständiger und verlässlicher Helfer in der Kirche den Mäßigkeits-

societies, and in all movements looking to the aiding and uplifting
gesellschaften und in allen Bewegungen ausgerichtet auf die Unterstützung und Erbauung

of men.
von Menschen

This excited no remark, attracted no attention – for it was his
Dies regte an keine Bemerkung zog auf sich keine Aufmerksamkeit denn es war seine

"natural bent." Finally, the old people died. The will testified their
natürliche Neigung Schließlich die alten Leute starben Das Testament bezeugte ihren

loving pride in Edward, and left their little property to George –
liebenden Stolz auf Edward und hinterließ ihr weniges Vermögen (an) George

because he "needed it"; whereas, "owing to a bountiful
denn er brauchte es während schuldend an eine großzügige

Providence," such was not the case with Edward.
Vorsehung solches war nicht der Fall mit Edward

The property was left to George conditionally: he must buy out
Das Vermögen wurde hinterlassen an George unter Vorbehalt er musste auszahlen

Edward's partner with it; else it must go to a benevolent
Edwards Partner damit andernfalls es musste gehen an eine wohltätige

organization called the Prisoner's Friend Society. The old
Organisation genannt die Freund-des-Gefangenen-Gesellschaft Die alten

People left a letter, in which they begged their dear son Edward
Leute hinterließen einen Brief in welchem sie anflehten ihren lieben Sohn Edward

to take their place and watch over George, and help and shield him
zu nehmen ein ihren Platz und wachen über George und helfen und abschirmen ihn

as they had done.
wie sie [es] hatten getan

Edward dutifully acquiesced, and George became his partner in the
Edward pflichtbewusst willigte ein und George wurde sein Partner in dem

business. He was not a valuable partner: he had been
Unternehmen Er war nicht ein [kein] wertvoller Partner er hatte gewesen

meddling with drink before; he soon developed into a
sich zu schaffen machend an Alkohol zuvor er bald entwickelte sich zu einem

constant tippler now, and his flesh and eyes showed the fact
anhaltenden Trinker nun und sein Fleisch und [seine] Augen zeigten an die Tatsache

unpleasantly.
auf unschöne Weise

Edward had been courting a sweet and kindly spirited girl
Edward hatte gewesen den Hof machend einem süßen und sanftmütigen Mädchen

for some time. They loved each other dearly, and – But about this
seit einiger Zeit Sie liebten einander teuer und aber um diese

dearly = von ganzem Herzen

period George began to haunt her tearfully and imploringly, and
Zeit George begann zu verfolgen sie tränenreich und flehentlich und

at last she went crying to Edward, and said her high and holy duty
schließlich sie ging weinend zu Edward und sagte ihre hohe und heilige Pflicht

was plain before her – she must not let her own selfish desires
sei klar vor ihr sie dürfe nicht lassen ihre eigenen selbstsüchtigen Wünsche

interfere with it: she must marry "poor George" and
in Konflikt geraten damit sie müsse heiraten [den] armen George und

"reform him."
bessern ihn

It would break her heart, she knew it would, and so on; but duty was
Es würde brechen ihr Herz sie wusste es würde und so weiter aber Pflicht sei

duty. So she married George, and Edward's heart came very near
Pflicht So sie heiratete George und Edwards Herz kam sehr nahe

breaking, as well as her own. However, Edward recovered, and
brechend ebenso wie ihr eigenes Jedoch Edward erholte sich und

his heart came very near breaking = sein Herz war ganz knapp davor, zu brechen

married another girl – a very excellent one she was, too.
heiratete ein anderes Mädchen eine ganz ausgezeichnete (eine) sie war ebenfalls

Children came to both families. Mary did her honest best to reform
Kinder kamen in beide Familien Mary tat ihr aufrichtiges Bestes zu bessern

her husband, but the contract was too large. George went on
ihren Ehemann aber die Aufgabe war zu groß George fuhr fort

contract = Vertrag

drinking, and by and by he fell to misusing her and the little ones
trinkend und nach und nach er verfiel dazu misshandelnd sie und die Kleinen

sadly. A great many good people strove with George – they were
leider Eine große Anzahl guter Leute rangen mit George sie waren

always at it, in fact – but he calmly took such efforts
immer dabei tatsächlich aber er ruhig betrachtete solche Bemühungen

as his due and their duty, and did not mend his ways. He added a
als sein Recht und ihre Pflicht und tat nicht bessern seine Wege Er fügte hinzu ein

vice, presently – that of secret gambling. He got deeply in debt; he
Laster bald das des heimlichen Spielens Er geriet tief in Schulden er

borrowed money on the firm's credit, as quietly as he could, and
lieh Geld auf Kredit der Firma so still wie er konnte und

carried this system so far and so successfully that one morning
verfolgte dieses System so weit und so erfolgreich dass eines Morgens

the sheriff took possession of the establishment, and the two cousins
der Sheriff ergriff Besitz von dem Unternehmen und die zwei Cousins

found   themselves penniless.
fanden 1...   sich   mittellos   wieder...1

Times   were hard, now, and they grew worse. Edward moved
[Die] Zeiten waren   hart   nun   und   sie wurden schlimmer Edward   bewegte [siedelte um]

his family into a   garret,   and walked the streets day and night,
seine Familie   in eine Dachkammer und   lief ab   die Straßen   Tag und   Nacht

seeking work. He begged for it, but it was really not to be had.
suchend Arbeit   Er   bettelte darum aber es war wirklich nicht zu sein gehabt [zu haben]

He was astonished to   see how soon his face became unwelcome; he
Er   war   erstaunt   zu sehen wie   bald sein Gesicht   wurde   unwillkommen   er

was astonished and hurt to see how quickly the ancient interest
war   erstaunt   und verletzt zu sehen   wie   schnell das   alte   Interesse

which people had   had in him faded out and disappeared.
welches   Leute hatten gehabt an ihm   verblich   und   verschwand

Still, he MUST   get work; so he swallowed his chagrin, and toiled
Dennoch er   musste bekommen Arbeit so er   schluckte seinen Verdruss   und plagte sich

on in   search of it. At last he got   a job of carrying bricks   up
weiter auf [der] Suche danach   Endlich er bekam einen Job von tragend   Backsteine hinauf

a ladder in a   hod,   and was a grateful man in consequence; but
eine Leiter   in einer Kohlenschütte und   war ein dankbarer Mann   infolgedessen   aber

after that NOBODY knew him or   cared anything about him.
danach   niemand   kannte ihn oder sich scherte irgendwie   um   ihn

He was not   able to keep   up his dues in the various
Er war nicht in der Lage zu erhalten aufrecht seine Beiträge in den verschiedenen

moral organizations to which he belonged, and had to endure the
Moralorganisationen   zu welchen er   gehörte   und hatte zu ertragen den

sharp pain of seeing himself brought under the disgrace of
scharfen Schmerz zu sehen(d)   sich   gebracht   in   die Schande der

suspension. But the   faster Edward died out of   public
Suspendierung Aber je 1... schneller Edward   ausstarb aus [dem] öffentlichen

knowledge and interest, the   faster George rose in them. He was
Bewusstsein   und Interesse desto...1 schneller George erhob sich in ihnen   Er wurde

found lying, ragged and drunk, in the gutter one morning. A member
gefunden liegend zerlumpt und betrunken in der Gosse eines Morgens   Ein Mitglied

of the Ladies' Temperance Refuge fished him out, took him in
von der   Damen-Mäßigkeits-Zufluchtsstätte   fischte ihn heraus nahm ihn in [die]

take in hand = sich kümmern um

hand, got up   a subscription for him, kept him sober a whole
Hand organisierte einen Spendenbeitrag   für ihn   hielt ihn nüchtern eine ganze

week, then got a situation for him. An account of it was
Woche dann besorgte eine Anstellung für ihn Ein Bericht davon wurde

published.
veröffentlicht

General attention was thus drawn to the poor fellow, and
Allgemeine Aufmerksamkeit wurde so gezogen auf den armen Zeitgenossen und

a great many people came forward and helped him toward reform
eine große Anzahl Leute traten vor und halfen ihm in Richtung Besserung

with their countenance and encouragement. He did not drink a
mit ihrer moralischen Unterstützung und Ermutigung Er tat nicht trinken einen

drop for two months, and meantime was the pet of the good.
Tropfen für zwei Monate und inzwischen war der Liebling von den Guten

Then he fell – in the gutter; and there was general sorrow and
Dann er fiel in die Gosse und da war allgemeines Bedauern und

lamentation. But the noble sisterhood rescued him again. They
Wehklagen Aber die edle Schwesternschaft rettete ihn erneut Sie

cleaned him up, they fed him, they listened to the mournful
säuberten 1... ihn ...1 sie gaben zu Essen ihm sie lauschten der klagenden

music of his repentances, they got him his situation again.
Musik von seinen Reuebekundungen sie beschafften ihm seine Anstellung wieder

An account of this, also, was published, and the town was drowned in
Ein Bericht davon ebenfalls wurde veröffentlicht und die Stadt wurde ertränkt in

happy tears over the re-restoration of the poor beast and
glücklichen Tränen über die Wieder-Wiederherstellung von dem armen Scheusal und

struggling victim of the fatal bowl. A grand temperance
kämpfenden Opfer von dem unheilvollen Becher Eine große Mäßigkeits-

revival was got up, and after some rousing speeches had been
erweckung wurde organisiert und nachdem einige mitreißende Reden hatten geworden

made the chairman said, impressively: "We are not about to call for
gehalten der Vorsitzende sagte beeindruckend Wir sind nicht beabsichtigend aufzurufen

signers; and I think there is a spectacle in store for you which not
Unterschriftswillige und ich denke da ist ein Schauspiel auf Lager für euch welches nicht

many in this house will be able to view with dry eyes."
viele in diesem Haus werden sein fähig zu betrachten mit trockenen Augen

There was an eloquent pause, and then George Benton, escorted
Da war eine eloquente [beredte] Pause und dann George Benton begleitet

by a red-sashed detachment of the Ladies of the Refuge, stepped
von einer rotgeschärpten Abteilung von den Damen von der Zuflucht trat

forward upon the platform and signed the pledge.
vor auf die Platform und unterzeichnete das Gelöbnis

64

The air was rent with applause, and everybody cried for joy.
Die Luft war zerrissen mit Beifall und jeder weinte vor Freude

Everybody wrung the hand of the new convert when the meeting was
Jeder drückte die Hand von dem neuen Anhänger als das Treffen war

over; his salary was enlarged the next day; he was the talk of the
vorbei sein Gehalt wurde erhöht den nächsten Tag er war das Gespräch von der

town, and its hero. An account of it was published.
Stadt und ihr Held Ein Bericht davon wurde veröffentlicht

George Benton fell, regularly, every three months, but was faithfully
George Benton fiel regelmäßig alle drei Monate aber wurde gewissenhaft

rescued every time, and good situations were found for him.
gerettet jedes Mal und gute Anstellungen wurden gefunden für ihn

Finally, he was taken around the country lecturing, as a
Schließlich er wurde mitgenommen herum das [umher im] Land Vorträge haltend als ein

reformed drunkard, and he had great houses and did an immense
bekehrter Trunkenbold und er hatte großartige Häuser und tat eine enorme

amount of good.
Menge von Gutem

He was so popular at home, and so trusted – during his
Er war so beliebt zu Hause und so mit Vertrauen beschenkt während seiner

sober intervals – that he was enabled to use the name
nüchternen Momente dass er wurde in die Lage versetzt zu benutzen den Namen

of a principal citizen, and get a large sum of money at the
von einem bedeutenden Bürger und kommen an eine große Summe von Geld bei der

bank. A mighty pressure was brought to bear to save him
Bank Ein gewaltiger Druck wurde gebracht zu tragen [aufgeboten] zu retten ihn

from the consequences of his forgery, and it was partially
vor den Folgen von seiner Fälschung und es [er, der Druck] war teilweise

successful – he was "sent up" for only two years.
erfolgreich er wurde eingebuchtet für nur zwei Jahre

When, at the end of a year, the tireless efforts of the
Als zu dem Ende von einem Jahr die unermüdlichen Bemühungen von den

benevolent were crowned with success, and he emerged from the
Mildtätigen wurden gekrönt mit Erfolg und er kam heraus aus der

penitentiary with a pardon in his pocket, the Prisoner's Friend
Strafvollzugsanstalt mit einer Begnadigung in seiner Tasche die Freund-des-Gefangenen-

Society met him at the door with a situation and a comfortable
Gesellschaft holte ab ihn an der Tür mit einer Anstellung und einem ausreichenden

salary, and all the other benevolent people came forward and
Gehalt und all die anderen wohltätigen Leute kamen vor [meldeten sich] und

gave him advice, encouragement and help.
gaben ihm Rat Ermutigung und Hilfe

Edward Mills had once applied to the Prisoner's Friend Society
Edward Mills hatte einmal sich beworben bei der Freund-des-Gefangenen-Gesellschaft

for a situation, when in dire need, but the question, "Have you
um eine Anstellung als in bitterer Not aber die Frage Haben Sie

been a prisoner?" made brief work of his case. While all these
gewesen ein Häftling machte kurzen Prozess aus seinem Fall Während all diese

things were going on, Edward Mills had been quietly making head
Dinge waren gehend vor Edward Mills hatte gewesen still machend Kopf
to make head against ... = sich behaupten gegen ...

against adversity. He was still poor, but was in receipt of a
gegen Widrigkeit Er war immer noch arm aber war in Einnahme von einem

steady and sufficient salary, as the respected and trusted
stabilen und ausreichenden Gehalt als der respektierte und mit Vertrauen gewürdigte

cashier of a bank.
Kassierer von einer Bank

George Benton never came near him, and was never heard to
George Benton niemals kam nahe ihm und wurde niemals gehört zu

inquire about him. George got to indulging in long absences
sich erkundigen über ihn George gelangte dazu sich gönnend lange Abwesenheiten

from the town; there were ill reports about him, but nothing
von der Stadt da waren schlechte Berichte über ihn aber nichts

definite. One winter's night some masked burglars forced their way
Genaues Eines Winters Nacht einige maskierte Einbrecher erzwangen ihren Weg

into the bank, and found Edward Mills there alone.
in die Bank und fanden vor Edward Mills dort allein

They commanded him to reveal the "combination," so that they
Sie befahlen ihm zu offenbaren die Kombination so dass sie

could get into the safe. He refused. They threatened his life. He
könnten gelangen in den Safe Er weigerte sich Sie bedrohten sein Leben Er

said his employers trusted him, and he could not be traitor to that
sagte seine Arbeitgeber vertrauten ihm und er könnte nicht sein Verräter zu diesem

trust. He could die, if he must, but while he lived he would be
Vertrauen Er könne sterben wenn er müsse aber während er lebe er würde sein

faithful; he would not yield up the "combination."
treu er würde nicht ausliefern die Kombination

The burglars killed him. The detectives hunted down the criminals;
Die Einbrecher töteten ihn Die Kriminalbeamten stellten die Kriminellen

the chief one proved to be George Benton.
der hauptsächliche (Eine) [Haupttäter] stellte sich heraus zu sein George Benton

A wide sympathy was felt for the widow and orphans of the
Eine weitreichende Sympathie wurde empfunden für die Witwe und Waisen von dem

dead man, and all the newspapers in the land begged that all the
toten Mann und all die Zeitungen in dem Land erbaten inständig dass all die

banks in the land would testify their appreciation of the fidelity
Banken in dem Land würden beweisen ihre Würdigung von der Treue

and heroism of the murdered cashier by coming forward
und [der] Heldenhaftigkeit von dem ermordeten Kassierer durch sich meldend

with a generous contribution of money in aid of his family, now
mit einem großzügigen Beitrag von Geld zu Hilfe von seiner Familie nun

bereft of support.
verlustig gegangen von [der] Versorgung

The result was a mass of solid cash amounting to upward of
Das Ergebnis war eine Menge von solidem Bargeld sich belaufend zu aufwärts von

five hundred dollars – an average of nearly three-eights of a cent
fünfhundert Dollar ein Durchschnitt von fast drei Achteln von einem Cent

for each bank in the Union. The cashier's own bank testified its
für jede Bank in der Nation Des Kassierers eigene Bank bezeugte ihre

gratitude by endeavoring to show (but humiliatingly failed in it) that
Dankbarkeit durch versuchend zu zeigen aber beschämenderweise versagte darin dass

the peerless servant's accounts were not square, and that he himself
des beispiellosen Bediensteten Rechnungen waren nicht beglichen und dass er selbst

had knocked his brains out with a bludgeon to escape detection
hatte sich geschlagen sein Hirn aus mit einem Knüppel zu entgehen Entdeckung

and punishment.
und Bestrafung

George Benton was arraigned for trial. Then everybody
George Benton wurde angeklagt zu [einem] Gerichtsverfahren Dann jedermann

seemed to forget the widow and orphans in their solicitude for
schien zu vergessen die Witwe und Waisen in ihrer Besorgtheit um [den]

poor George. Everything that money and influence could do was done
armen George Alles was Geld und Einfluss konnten tun wurde getan

to save him, but it all failed; he was sentenced to death. Straightaway
zu retten ihn aber es alles versagte er wurde verurteilt zu Tode Sofort

the Governor was besieged with petitions for commutation or
der Gouverneur wurde belagert mit Petitionen um Strafumwandlung oder

pardon; they were brought by tearful young girls; by sorrowful
Begnadigung sie wurden überbracht von tränenreichen jungen Mädchen von kummervollen

old maids; by deputations of pathetic widows; by shoals of
alten Jungfern von Abordnungen von Mitleid erregenden Witwen von Scharen von

impressive orphans.
beeindruckenden Waisen

But no, the Governor – for once – would not yield. Now George
Aber nein der Gouverneur für einmal wollte nicht nachgeben Nun George

Benton experienced religion. **The glad news flew all**
Benton erfuhr Religion [wurde religiös] Die frohen Neuigkeiten flogen überall

around. From that time forth his cell was always full of girls and
umher Von dieser Zeit an seine Zelle war immer voll mit Mädchen und

women and fresh flowers; all the day long there was prayer,
Frauen und frischen Blumen ganz den Tag lang [den ganzen Tag] da war Gebet

and hymn-singing, and thanksgiving, and homilies, and tears, with
und Lobgesang und Danksagung und Moralpredigten und Tränen mit

never an interruption, except an occasional five-minute intermission
niemals einer Unterbrechung außer einer gelegentlichen fünfminütigen Pause

for refreshments.
für Erfrischungen

This sort of thing continued up to the very gallows, and George
Diese Art von Sache setzte sich fort bis zu den [...] Galgen und George
"very" wirkt in "up to the very gallows" verstärkend = sogar noch am Galgen

Benton went proudly home, in the black cap, before a   wailing
Benton ging stolz heim in der schwarzen Kappe vor einem klagenden

audience of the sweetest and best that the region could produce. His
Publikum von dem Süßesten und Besten was der Bezirk konnte aufbieten Sein

grave had fresh flowers on it every day, for a while, and the
Grab hatte frische Blumen darauf jeden Tag für eine Zeitlang und der

head-stone bore these words, under a hand pointing aloft: "He has
Grabstein trug diese Worte unter einer Hand zeigend empor Er hat

fought the good fight."
gekämpft den guten Kampf

The brave cashier's head-stone has this inscription: "Be pure, honest,
Des tapferen Kassierers Grabstein hat diese Inschrift Sei rein ehrlich

sober, industrious, considerate, and you will never – " Nobody knows
besonnen fleißig rücksichtsvoll und du wirst niemals Niemand weiß

who gave the order to leave it that way, but it was so given.
wer gab den Auftrag zu lassen es [auf] jene Weise aber es war so gegeben

The cashier's family are in stringent circumstances, now, it is
Des Kassierers Familie ist [engl. Plural] in angespannten Umständen jetzt es ist

said; but no matter; a lot of appreciative people, who
gesagt [sagt man] aber das macht nichts eine Menge von anerkennenden Leuten die

were not willing that an act so brave and true as his should
waren nicht willens dass eine Handlung so mutig und aufrichtig wie seine sollte

68

go   unrewarded, have collected forty-two thousand dollars – and
gehen [bleiben] unbelohnt   haben gesammelt   zweiundvierzigtausend   Dollar   und

built   a Memorial Church with it.
[haben] gebaut eine Gedächtniskirche damit

THE FIVE BOONS OF LIFE
Die   fünf   Gaben   des Lebens

Chapter I
Kapitel   I

In the morning of life came a good fairy with her basket, and said:
An dem   Morgen des Lebens kam eine gute Fee   mit ihrem Korb   und sagte

"Here are   gifts. Take one, leave the others. And be wary, chose
Hier sind Geschenke Nimm eins lasse zurück die anderen Und sei auf der Hut wähle

wisely; oh, choose wisely! for only one of them is valuable." The gifts
weise   oh   wähle   weise denn nur eines von ihnen ist wertvoll   Die Gaben

were five: Fame, Love, Riches, Pleasure, Death.
waren fünf Ruhm   Liebe Reichtümer Vergnügen   Tod

The youth said, eagerly: "There is no   need   to consider"; and
Der junge Mann sagte begierig   Da ist keine Notwendigkeit nachzudenken   und

he chose Pleasure. He went out into the world and sought out the
er wählte Vergnügen Er ging hinaus in die Welt und machte ausfindig die

pleasures   that   youth delights in. But each in   its
Vergügungen an 1...   denen [die] Jugend Freude findet...1 Aber jedes an seiner

turn   was short-lived and disappointing, vain and empty;
Reihe [für sich betrachtet] war kurzlebig und   enttäuschend vergeblich und   leer

and each, departing, mocked him. In the end he said: "These years I
und jedes scheidend verspottete ihn An dem Ende er sagte Diese Jahre ich

have wasted.   If I could but choose again, I would choose
habe verschwendet Wenn ich könnte nur wählen erneut ich würde wählen

wisely."
weise

Chapter II
Kapitel II

The fairy appeared, and said: "Four of the gifts remain. Choose once
Die Fee erschien und sagte Vier von den Gaben verbleiben Wähle einmal

more; and oh, remember – time is flying, and only one of them is
mehr und oh behalte im Sinn Zeit ist verfliegend und nur eine von ihnen ist

precious." The man considered long, then chose Love; and did not
kostbar Der Mann erwägte lange dann wählte Liebe und tat nicht

mark the tears that rose in the fairy's eyes.
bemerken die Tränen die stiegen auf in der Fee Augen

After many, many years the man sat by a coffin, in an empty
Nach vielen vielen Jahren der Mann saß neben einem Sarg in einem leeren

home. And he communed with himself, saying: "One by one they
Heim Und er hielt Zwiesprache mit sich selbst sagend Eine nach der anderen sie

have gone away and left me; and now she lies here, the dearest
haben gegangen fort und verlassen mich und nun sie liegt hier die Liebste

and the last. Desolation after desolation has swept over me; for each
und die Letzte Verzweiflung nach Verzweiflung ist gefegt über mich für jede

hour of happiness the treacherous trader, Love, has sold me I have
Stunde des Glücks der heimtückische Händler Liebe hat verkauft mir ich habe

paid a thousand hours of grief. Out of my heart of hearts I curse
bezahlt eintausend Stunden der Trauer Heraus aus meinem Herz der Herzen ich verfluche
out of my heart of hearts = aus tiefstem Herzen

him."
ihn

Chapter III
Kapitel III

"Choose again." It was the fairy speaking. "The years have taught
Wähle erneut Es war die Fee sprechend Die Jahre haben gelehrt

you wisdom – surely it must be so. Three gifts remain. Only one of
dich Weisheit sicher es muss sein so Drei Gaben verbleiben Nur eine von

them has any worth – remember it, and choose warily." The man
ihnen hat irgendeinen Wert behalte im Sinn es und wähle weise Der Mann

reflected long, then chose Fame; and the fairy, sighing, went her way.
überlegte lange dann wählte Ruhm und die Fee seufzend ging ihres Weges

Years went by and she came again, and stood behind the man where
Jahre vergingen und sie kam wieder und stand hinter dem Mann wo

he sat solitary in the fading day, thinking.
er saß einsam in dem vergehenden Tag denkend

And she knew his thought: "My name filled the world, and its
Und sie kannte seinen Gedanken Mein Name erfüllte die Welt und sein

praises were on every tongue, and it seemed well with
Lob war [Lob engl.Plural] auf jeder Zunge und es schien gut mit

me for a little while. How little a while it was! Then came
mir [schien mir gut] für eine kleine Weile Wie klein eine Weile es war Dann kam

envy; then detraction; then calumny; then hate; then persecution.
Neid dann Schmähung dann Verleumdung dann Hass dann Verfolgung

Then derision, which is the beginning of the end. And last of all
Dann Spott was ist der Anfang von dem Ende Und zuletzt von allem

came pity, which is the funeral of fame. Oh, the bitterness and
kam Spott was ist die Beerdigung des Ruhms Oh die Bitterkeit und

misery of renown! A target for mud in its prime, for contempt
[das] Elend von Ansehen Ein Ziel für Schlamm auf seinem Höhenpunkt für Verachtung

and compassion in its decay."
und Mitleid in seinem Verfall

Chapter IV
Kapitel IV

"Chose yet again." It was the fairy's voice. "Two gifts remain. And do
Wähle noch einmal Es war der Fee Stimme Zwei Gaben verbleiben Und tue

not despair. In the beginning there was but one that was precious, and
nicht verzweifeln An dem Anfang da war nur eine die war kostbar und

it is still here." "Wealth – which is power! How blind I was!"
sie ist immer noch hier Reichtum welcher ist Macht Wie blind ich war

said the man. "Now, at last, life will be worth the living.
sagte der Mann Nun endlich Leben wird sein wert das Leben

I will spend, squander, dazzle. These mockers and despisers will
Ich werde ausgeben vergeuden blenden Diese Spötter und Verächter werden

crawl in the dirt before me, and I will feed my hungry heart with
kriechen in dem Dreck vor mir und ich werde nähren mein hungriges Herz mit

their envy. I will have all luxuries, all joys, all enchantments of
ihrem Neid Ich werde haben alle Luxusgegenstände alle Freuden alle Verzückungen von

the spirit, all contentments of the body that man holds dear.
dem Geist alle Zufriedenheiten von dem Körper die [der] Mensch hält [schätzt] teuer

I will buy, buy, buy! deference, respect, esteem, worship – every
Ich werde kaufen kaufen kaufen Ehrerbietung Respekt Wertschätzung Verehrung jede
grace of life the market of a trivial world can provide. I have
Gnade des Lebens der Markt von einer oberflächlichen Welt kann liefern Ich habe
lost much time, and chosen badly heretofore, but let that pass; I
verloren viel Zeit und gewählt schlecht bisher aber lasse das durchgehen ich
was ignorant then, and could but take for best what seemed so."
war unwissend damals und konnte nur nehmen für [das] Beste was erschien so

Three short years went by, and a day came when the man sat
Drei kurze Jahre vergingen und ein Tag kam als der Mann saß
shivering in a mean garret; and he was gaunt and wan and
zitternd in einer schäbigen Dachkammer und er war verhärmt und bleich und
hollow-eyed, and clothed in rags; and he was gnawing a dry
hohläugig und gekleidet in Lumpen und er war benagend eine trockene
crust and mumbling: "Curse all the world's gifts, they are just
[Brot]kruste und murmelnd Verfluche all der Welt Gaben sie sind nur
mockeries and gilded lies! And miscalled, every one.
Hohn und vergoldete Lügen Und falsch benannt jede einzelne

They are not gifts, but merely lendings. Pleasure, Love,
Sie sind nicht Geschenke sondern lediglich Leihgaben Vernügen Liebe
Fame, Riches: they are but temporary disguises for lasting realities –
Ruhm Reichtum sie sind nur vergängliche Masken für dauerhafte Wirklichkeiten
Pain, Grief, Shame, Poverty. The fairy said true; in all her store there
Schmerz Trauer Scham Armut Die Fee sprach wahr in all ihrem Vorrat da
was but one gift which was precious, only one that was not valueless.
war nur eine Gabe welche war kostbar nur eine die war nicht wertlos

How poor and cheap and mean I know those others now to be,
Wie arm und billig und schäbig ich weiß diese anderen nun zu sein
compared with that inestimable one, that dear and sweet and kindly
verglichen mit jener unschätzbaren (einen) jener teuren und süßen und gütigen
one, that steeps in dreamless and enduring sleep the pains that
(einen) welche taucht in traumlosen und beständigen Schlaf die Schmerzen die
persecute the body, and the shames and griefs that eat the
verfolgen den Körper und die Beschämungen und Kümmernisse die verzehren den
mind and heart. Bring it! I am weary, I would rest."
Geist und [das] Herz Bringe sie [die Gabe] Ich bin müde Ich wollte [würde gern] ruhen

Chapter V
Kapitel V

The fairy came, bringing again four of the gifts, but Death was
Die Fee kam bringend wieder vier von den Gaben aber [der] Tod war

wanting. She said: "I gave it to a mother's pet, a little child. It
fehlend Sie sagte Ich gab ihn zu einer Mutter Liebling einem kleinen Kind Es

was ignorant, but trusted me, asking me to choose for it. You did not
war unwissend aber vertraute mir bittend mich zu wählen für es Du tatest nicht

ask me to choose." "Oh, miserable me! What is left for
bitten mich zu wählen Oh erbärmliches Ich [ich Erbärmlicher] Was ist übrig für

me?" "What not even you have deserved: the wanton insult of
mich Was nicht einmal du hast verdient die grobe Kränkung des

Old Age."
hohen Alters

Weitere Titel dieser Buchreihe: siehe nächste Seite

Weitere Titel dieser Buchreihe

Arthur Conan Doyle/Katharina Jürgens:
The Lost Special/Der verschollene Sonderzug
Englisch/Deutsch – wörtlich übersetzt –
72 Seiten,   Format A 5,   ISBN 978 – 3 – 94 33 94 – 15 – 3

Mark Twain/Katharina Jürgens:
The Thirty Thousand Dollar Bequest/Das Dreißigtausend-Dollar-Vermächtnis
Englisch/Deutsch – wörtlich übersetzt –
74 Seiten,   Format A 5,   ISBN 978 – 3 – 94 33 94 – 17 – 7

Oscar Wilde: The Canterville Ghost/Das Gespenst von Canterville
Englisch/Deutsch – wörtlich übersetzt –
45 Seiten,   Format A5,   ISBN 978 – 3 – 94 33 94 – 01 – 6

Edgar Allan Poe/Elke Kublank: The Murders/Der Doppelmord
Englisch/Deutsch – wörtlich übersetzt –
62 Seiten,   Format A 5,   ISBN 978 – 3 – 94 33 94 – 09 – 2

Jean Fleury/Melanie Berl:
Jacques le voleur/Jacques, der Dieb
Französisch/Deutsch – wörtlich übersetzt –
58 Seiten,   Format A 5,   ISBN 978 – 3 – 94 33 94 – 19 – 1

Jules Verne/Melanie Berl: Le docteur Ox/Dr. Ox
Französisch/Deutsch – wörtlich übersetzt –
Format A 5,   ISBN 978 – 3 – 94 33 94 – 23 – 8 (erscheint 2013)

Jules Verne: Maître Zacharius
Französisch/Deutsch – wörtlich übersetzt –
Format A 5,   ISBN 978 – 3 – 94 33 94 – 27 – 6 (in Vorbereitung)

Grazia Deledda/Alessia Valdarno: Una notte spaventosa/Die schreckliche Nacht
Italienisch/Deutsch   – wörtlich übersetzt –
85 Seiten,   Format A 5,   ISBN 978 – 3 – 94 33 94 – 21 – 4

Miguel de Cervantes: Rinconete y Cortadillo/Rinconete und Cortadillo
Spanisch/Deutsch   – wörtlich übersetzt –
Format A 5,   ISBN 978 – 3 – 94 33 94 – 07 – 8 (in Vorbereitung)

Vicente Blasco Ibañez/Edeltraud Altinger:
La barca abandonada/Das verlassene Boot
Spanisch/Deutsch   – wörtlich übersetzt –
Format A 5,   ISBN 978 – 3 – 94 33 94 – 25 – 2 (in Vorbereitung)

Deutsch für polnische Leser:

Johann Peter Hebel/Sylwia Ragan: Der listige Kaufmann /Podstępny kupiec
Deutsch / Polnisch   – wörtlich übersetzt –
62 Seiten,   Format A 5,   ISBN 978 – 3 – 94 33 94 – 61 – 0

Deutsch für französische Leser:

Johann Peter Hebel/Isabelle Schweitzer: Der listige Kaufmann/Le marchand rusé
Deutsch/Französisch   – wörtlich übersetzt –
58 Seiten,   Format A 5,   ISBN 978 – 3 – 94 33 94 – 63 – 4

Reihe Standard-Übersetzung
– links Fremdsprache, rechts eigene Sprache –

Selma Lagerlöf: Tösen från Stormyrtorpet/Das Mädchen vom Moorhof
Schwedisch/Deutsch
Links Schwedisch – rechts Deutsch
111 Seiten,   Format A 5,   ISBN 978 – 3 – 94 33 94 – 05 – 4

Selma Lagerlöf: Tösen från Stormyrtorpet/The Girl from the Marsh Croft
Bilingual Reader   – Swedish/English,
Left Side Swedish   – Right Side English
106 Seiten/pages,   Format/size A 5,   ISBN 978 – 3 – 94 33 94 – 50 – 4

Harald Holder Verlag, Augsburg

www.holder-augsburg-zweisprachig.de